AF532495

DON
BOSCO

Kathrin Sprenger

5 Minuten Mitmachgeschichten

Zum Tanzen, Spielen und Bewegen

Gerne nehmen wir Ihre Anregungen, Wünsche, Kritik oder Fragen entgegen:
Don Bosco Medien GmbH, Sieboldstraße 11, 81669 München
anregungen@donbosco-medien.de
Servicetelefon: 089 / 48008-341

Bibliografische Information der Deutschen Nationalbibliothek

Die Deutsche Nationalbibliothek verzeichnet diese Publikation in der Deutschen Nationalbibliografie; detaillierte bibliografische Daten sind im Internet über http://dnb.d-nb.de abrufbar.

4. Auflage 2017 / ISBN 978-3-7698-1794-2

Umschlag und Illustrationen: Liliane Oser, Hamburg
Satz: Don Bosco Druck & Design, Ensdorf
Druck: BoD – Books on Demand, Norderstedt

Gedruckt auf umweltfreundlichem Papier

Inhalt

Zum Bewegen und Entspannen

Zum Mitspielen und Mitlachen

Zum Musikmachen und Mittanzen

Zum Bewegen und Entspannen

Lulu und ihr Spiegelbild

Inhalt Ein Schimpansenmädchen entdeckt, nachdem es Grimassen und Bewegungen gemacht hat, dass der Affe im Spiegel sie selber ist.

Requisiten Klebepunkte oder Schminkstift, um einen Punkt auf die Nase zu malen

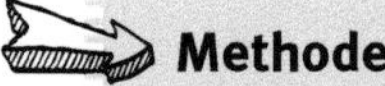

Methode Zur Vorbereitung kann man gemeinsam ausprobieren, wie sich das Spiegelbild verhält. Wenn der echte Affe die rechte Hand hebt, hebt der Spiegel die linke. Die Kinder sitzen sich gegenüber. Auf der einen Seite sind die „echten“ Affen, auf der anderen Seite die Spiegelbildaffen. Die Spiegelbildaffen machen den echten Affen alles nach. Der Vorleser gibt den Kindern genug Zeit, um die Bewegungen, die genannt werden, zu machen und selbst zu improvisieren. Die Geschichte kann zweimal gespielt werden, damit jedes Kind einmal Vormacher und Nachmacher sein kann.

Lulu, das kleine Schimpansenmädchen saß vor einem Spiegel. Es hatte noch nie einen Spiegel gesehen und dachte, dass es einem kleinen Affen gegenüber säße, der sie anstarre mit großen, braunen Knopfaugen.

Sie winkte ihm fröhlich zu – und ihr Gegenüber winkte gleichzeitig zurück!

Na, was ist denn das für ein fröhliches Kerlchen, dachte Lulu und legte ihren Kopf schief. Der andere Affe tat dasselbe!

Sie machte eine Grimasse – der andere auch.

Jetzt wollte sie doch wissen, wer das ist. Sie sagte höflich: „Guten Tag, ich bin Lulu und wer bist du?“, und dann lächelte sie ihr Gegenüber an.

Dieses lächelte aber nur stumm zurück.

Da wurde Lulu ein wenig ungeduldig und sie guckte ein bisschen böse. Und was passierte? Natürlich machte der andere es nach.

Sie streckte ihm die Zunge raus, machte eine lange Nase, immer tat der andere dasselbe!

Lulu stand auf und stampfte mit dem Fuß. „So, ich hab keine Lust mehr. Ich geh jetzt weg.“ – Keine Reaktion, der andere stampfte nur genauso wütend mit dem Fuß.
Langsam ging Lulu schrittweise rückwärts weg von dem anderen Affen – und was machte der? Er ging genauso langsam schrittweise rückwärts weg von ihr.
Am Ende sah sie ihn fast nicht mehr.
Dann näherte sie sich wieder dem Spiegel, aber ihr Spiegelbild kam auch wieder näher. Lulu machte einen Hüpfer – der andere auch. Sie drehte sich im Kreis, der andere tat’s auch. Sie lief wie eine Gans, sie tat als könnte sie fliegen, egal was sie machte, der andere tat es ihr nach.
Lulu fand es lustig und fand immer mehr lustige Grimassen, Bewegungen und Körperhaltungen, die der andere alle ohne Mühe nachmachte.
→ *Die Kinder bekommen Zeit, verschiedene Bewegungen zu machen, die nachgeäfft werden.*

Nach einiger Zeit wurde Lulu müde. Sie fing an zu gähnen und setzte sich hin. Scheinbar war der andere Affe auch müde geworden.
Sie wollte ihrem neuen Freund gerne eine Hand geben. Sie streckte ihre Hand aus, und der andere auch, aber da, wo sich ihre Hände berühren sollten, fühlte sie eine kalte, glatte Scheibe. Sie tastete sie ab. Komisch, dass ihr Freund scheinbar dieselbe Idee hatte. Gemeinsam suchten sie nach einem Ausgang, aber wo die Glasscheibe aufhörte, war kein Freund mehr.
→ *Das Spiegelbild wird unsichtbar und macht sich klein.*
Sie schaute hinter die Glasscheibe, aber auch da war kein Freund mehr zu sehen. Als sie wieder vor der Glasscheibe stand, war er wieder da, aber jedes Mal, wenn sie dahinter schaute, war er wieder weg.
Sie verstand es nicht. Lulu dachte nach. Ein Freund, den ich nicht anfassen kann? Ein Freund, der verschwindet, wenn ich ihn hinter der Scheibe suche? Ein Freund, der alles macht, was ich auch mache? Ein Freund, der nicht antwortet? Der immer nur dann den Mund aufmacht, wenn ich es tue? Was würde passieren, wenn ich mir einen Punkt auf die Nase malte oder klebte?

Sie entfernte sich von der Glasscheibe, sodass der Freund sie nicht mehr sehen konnte und klebte (malte) sich einen Punkt auf die Nase.
Als sie wiederkam, hatte ihr Gegenüber auch einen Punkt auf der Nase. Genau denselben.
Jetzt verstand Lulu: Das hinter oder in der Glasscheibe war sie! Sie machte jetzt noch viel wildere Grimassen, um zu sehen, wie sie aussieht, wenn sie diese Grimassen macht. Sie musste lachen, weil es wirklich zu witzig aussah. Als sie sich lachen sah, musste sie noch mehr lachen, weil auch das so lustig aussah.
Aber irgendwann wurde sie dann doch richtig müde, sie gähnte sich selber zu und legte sich zu ihrem Spiegelbild.

Ob ihr Spiegelbild auch dasselbe träumen wird wie sie?

Der Zauberanzug

Inhalt	Melanie findet einen Anzug, der bewirkt, dass sie sich komisch bewegt.
Requisiten	keine
Methode	Die Kinder machen die vorgegebenen Bewegungen nach.

Melanie ging gerne zum Spielen zu Oma und Opa. Die beiden hatten einen zauberhaften staubigen Dachboden, wo Melanie die alten Puppen von Mama gefunden hatte oder auch die Spielautos von Onkel Udo.
Heute jedoch wollte sie in dem alten Kleiderschrank stöbern. Die Schranktüren ächzten beim Öffnen und ein wenig Staub rieselte auf Melanie herab.
Die alten Klamotten rochen nach Mottenkugeln und Staub.
Melanie fand einen wunderschönen Sommerhut, den sie sich aufsetzte. In einer Ecke fand sie ein Seidentuch und darunter ein paar Schuhe mit Absätzen. Sie hüllte sich in das Tuch und zog die Schuhe an. Sie waren ihr natürlich viel zu groß! Wie eine Dame schritt sie auf dem Dachboden auf und ab.
Dann schaute sie wieder in den Kleiderschrank. Was war denn das? Ein Sonnenstrahl fiel genau auf einen silbernen Anzug. Der ist mir doch sicher zu groß, dachte Melanie, aber sie holte ihn doch von der Stange. Als sie die Hose anzog, wunderte sie sich nicht schlecht – die Hose passte wie angegossen! Und auch die Anzugjacke, die im Schrank so riesig ausgesehen hatte, passte, als sei sie für Melanie gemacht.

Schick fühlte Melanie sich jetzt. Doch was war das? Ihr Arm bewegte sich plötzlich nach oben und dann zur Seite, ohne dass sie es wollte! Sie wollte den Arm

mit dem anderen festhalten, aber jetzt begann auch der andere Arm zu zucken und zu kreisen.

→ *Die Kinder machen die Bewegungen mit.*

„Hey, was passiert denn hier?", rief Melanie. Sie konnte ihre Arme nicht stoppen. Sie machten, was sie wollten. Wenn Melanie ihre Arme nach unten strecken wollte, gingen die Arme nach oben, wenn sie sie auf den Bauch legen wollte, drehten sich die Arme zur Seite und nach hinten.

Und jetzt fingen auch ihre Beine abwechselnd an, nach vorne und zur Seite und dann nach hinten zu treten. Melanie erschrak ganz doll und musste richtig gut aufpassen, damit sie ihr Gleichgewicht nicht verlor.

„Hilfe! Hilfe!", rief sie. „Oma! Opa! Helft mir!"

Oma und Opa kamen die Treppe hoch geklettert. Sie konnten das natürlich nicht mehr so schnell. Als sie jedoch sahen, wie Melanie mit Armen und Beinen fuchtelte, beeilten sie sich noch mehr.

Sie wollten Melanie festhalten, erkannten aber, dass sie den magischen Zauberanzug trug. Gemeinsam probierten sie, den Zauberanzug auszuziehen. Aber Melanie bewegte sich so wild, dass das nicht klappen sollte. Oma befürchtete, dass Melanie ihr ungewollt die Brille von der Nase schlagen würde.

Sie erinnerte sich daran, wie sie früher den Anzug getragen hatte. Die einzige Möglichkeit um den Zauber zu bändigen war ... Oh, wenn sie nur nicht so vergesslich wäre! Melanie bewegte sich noch immer wie wild.

Jetzt wusste Oma wieder, was man tun musste. „Schnell, Opa, hol den großen Spiegel dort aus der Ecke, entstaube ihn und stell ihn vor Melanie." Opa fand den Spiegel und fegte mit seinem Hemdärmel darüber.

Er stellte den Spiegel vor Melanie. Als Melanie sah, wie sie sich bewegte, merkte sie, wie lustig das aussah und musste einfach anfangen zu lachen. Sie schüttelte sich vor Lachen und merkte nicht, dass ihr Anzug aufhörte, sich zu bewegen. Opa half ihr aus dem Anzug und hängte ihn wieder in den Schrank. „Ich verstehe das nicht. Warum hört der Anzug auf, wenn ich lache?", fragte Melanie.

„Ach, weißt du, früher mussten die Leute manchmal daran erinnert werden, dass man nicht immer so traurig und ernst sein muss. Diesen Anzug haben wir zur Hochzeit bekommen. Er sollte uns daran erinnern, dass wir das Lachen nicht vergessen dürfen. Und wenn es kaum Gründe gibt zu lachen, einen gibt es immer: Man kann über sich selbst lachen. Wer über sich selbst lachen kann, der ist und bleibt gesund und froh."

Tommys Träume

Inhalt: Tommy träumt von Monstern, die die Kinder in Kleingruppen nachspielen. Die Mutter tröstet ihn und Tommy verbannt die Monster aus seinen Träumen.

Requisiten: keine

Methode: Die Monster, von denen Tommy erzählt, werden nachgespielt. Die ersten Monster spielen die Kinder einzeln. Sie wuseln umher, strecken ihre Arme aus und machen passende Geräusche. Die zweiten Monster werden jeweils durch zwei Kinder zusammen dargestellt. Wie sie das machen, bleibt ihnen überlassen, Hauptsache das Monster hat nur zwei Beine (auf dem Boden) und zwei Arme. Die dritten und vierten Monster werden durch drei Kinder gemeinsam dargestellt. Die Geschichte kann je nach Alter und Gruppe einfach verlängert oder verkürzt, vereinfacht oder anspruchsvoller werden.
Der Reim wiederholt sich und kann von den Kindern mitgesprochen werden.

„Mama! Mama!“, weint Tommy, während er auf Socken zum Elternschlafzimmer läuft. Er hält seinen Kuscheltiger im Arm und wischt sich mit seinem Schlafanzugärmel eine Träne von der Backe.
Als er im Schlafzimmer angekommen ist, nimmt Mama ihn in die Arme. „Was ist denn los?“, fragt sie besorgt.
„Mama, ich hab so schrecklich geträumt“, schluchzt Tommy.
„Da waren viele kleine, wuselige Monsterchen, die ihre Arme nach allen Seiten

ausstreckten und grässliche Geräusche machten. Sie liefen so wild umher und machten so schreckliche Geräusche, dass ich Angst bekam. Jetzt kann ich nicht mehr schlafen."

→ *Die Kinder spielen die Monster.*

„Ach, kleiner Tommy, liebes Kind.
Wie gut, dass es nur Träume sind.
Ich kann verstehn, es war nicht schön,
doch musst du wieder schlafen gehn.
Und wenn die Monster wiederkehren,
sag, sie sollen sich zum Teufel scheren."

Nachdem Tommy sich wieder in sein Bett gekuschelt hatte, schlief er tief und fest bis zum nächsten Morgen.

In der nächsten Nacht kam Tommy wieder weinend ins Schlafzimmer der Eltern gelaufen.

„Mama, ich hab wieder schlecht geträumt. Diesmal waren es Monster mit zwei Köpfen, zwei Beinen und zwei Armen. Sie drehten sich im Kreis und streckten ihre Zungen raus. Ich hatte solche Angst. Jetzt kann ich nicht mehr schlafen."

→ *Die Kinder spielen jeweils zu zweit ein Monster, das sich im Kreis dreht und die Zunge herausstreckt.*

„Ach, kleiner Tommy, liebes Kind.
Wie gut, dass es nur Träume sind.
Ich kann verstehn, es war nicht schön,
doch musst du wieder schlafen gehn.
Und wenn die Monster wiederkehren,
sag, sie sollen sich zum Teufel scheren."

Und wieder schlief Tommy tief und fest bis zum nächsten Morgen.

In der darauf folgenden Nacht träumte Tommy wieder von Monstern. Er lief zu seiner Mama und erzählte:

„Die Monster in meinem Traum hatten drei Köpfe, drei Arme und drei Beine. Sie hüpften auf der Stelle und riefen dabei ganz laut ‚buh – buh – buh'. Ich bekam ganz schreckliche Angst und konnte nicht mehr schlafen."

→ *Die Kinder spielen in Dreiergruppen die Monster mit entsprechenden Bewegungen nach.*

„Ach, kleiner Tommy, liebes Kind.
Wie gut, dass es nur Träume sind.
Ich kann verstehn, es war nicht schön,
doch musst du wieder schlafen gehn.
Und wenn die Monster wiederkehren,
sag, sie sollen sich zum Teufel scheren."

Und Tommy schlief tief und fest bis zum nächsten Morgen.

Auch in der nächsten Nacht träumte Tommy von Monstern.
„Mama, ich hab wieder von Monstern geträumt. Sie hatten drei Köpfe, aber nur zwei Beine und sie sangen ‚Alle meine Tommy's schwimmen in meinem Bauch'. Das war ganz gruselig. Jetzt kann ich nicht mehr schlafen."

→ *Die Kinder spielen in Dreiergruppen die Monster nach und singen.*

„Ach, kleiner Tommy, liebes Kind.
Wie gut, dass es nur Träume sind.
Ich kann verstehn, es war nicht schön,
doch musst du wieder schlafen gehn.
Und wenn die Monster wiederkehren,
sag, sie sollen sich zum Teufel scheren."

In der nächsten Nacht wollte wieder ein Monster auftauchen in Tommys Traum, aber Tommy sagte zu ihm:

„Monster, Monster, geh doch weg,
hier zu sein hat keinen Zweck.
Ich träum heut Nacht von schönen Sachen,
die mir auch sonst viel Freude machen.
Von Mama, Papa und dem Kuscheltiger
und von mir als Fußballsieger.
Ich wünsch dir eine gute Reise,
zum Teufel mit dir, aber bitte leise.
Denn Tiger, Mama, Papa und auch ich,
schlafen schon, drum störe nicht."

Seit dieser Nacht hat sich kein Monster mehr in seine Träume gewagt.

Eichhörnchen Erika

Inhalt: Ein Eichhörnchen läuft kreuz und quer durch den Wald, versteckt seinen Wintervorrat und muss sich die Verstecke gut merken.

Requisiten: Haselnüsse, Eicheln, Tannenzapfen, Bucheckern, Walnüsse ...

Methode: Jeweils ein Kind darf Haselnüsse, Tannenzapfen etc. verstecken. Alle Kinder müssen gut aufpassen, wo was versteckt wurde. Denn im Winter sucht das Eichhörnchen, das dann von einem anderen Kind gespielt wird, seinen Vorrat.

Als das Eichhörnchen Erika eines Morgens aus seinem Eichhörnchennest, dem Kobel lugte, merkte es, dass die Luft kühler geworden war. Erika sah von oben aus dem Kobel, der in der Baumkrone einer starken Eiche gebaut war, in den Wald. Der Wind wehte kräftiger als sonst und die ersten Blätter waren gelb, orange und rot gefärbt. Erika überlegte: „Hmm, ich glaube, der Herbst beginnt schon. Dann kommt schon bald der kalte Winter. Ich muss mir einen Vorrat anlegen, damit ich im Winter genug zu fressen habe.“ Sie hatte Glück, denn auf dem Waldboden lagen viele Tannenzapfen, Eicheln, Haselnüsse und Bucheckern. Erika kletterte hinunter.

Sie schaute nach links und nach rechts und entschied sich, erst einmal nach links zu laufen. Sie fand ein paar Haselnüsse, die sie unter dem Haselnussstrauch vergrub.

→ *Ein Kind versteckt eine Haselnuss im Raum.*

Dann lief sie nach rechts. Dort fand sie Tannenzapfen. Auch diese vergrub sie unter einem Baum.

→ *Ein Kind versteckt Tannenzapfen im Raum.*

Dann lief sie geradeaus, wo sie Eicheln fand. Auch diese wurden versteckt unter der Wurzel einer Eiche.

→ *Ein Kind versteckt Eicheln. Dies kann so beliebig fortgesetzt werden.*

So ging das tagelang. Mal lief Erika nach links, mal nach rechts. Ab und zu kletterte sie auch auf die Bäume herauf oder ruhte sich oben in ihrem Kobel aus. Sie sammelte und sammelte und vergrub ihren Vorrat. Sie musste sich natürlich all ihre Verstecke merken. Das war gar nicht so einfach.

Eines Morgens wurde Erika wach und als sie aus ihrem Kobel schaute, sah der Wald ganz anders aus. Die Bäume hatten ihre Blätter verloren und es lag eine dicke Schicht Schnee auf dem Waldboden. Ob sie ihre Verstecke wieder finden würde? Sie kletterte von dem Baum herunter. Musste sie nach links oder nach rechts? Lagen die Haselnüsse links oder rechts von der Eiche?

→ *Wissen es die Kinder noch?*

Sie lagen links! Erika erinnerte sich noch. Sie suchte unter dem Haselnussstrauch und tatsächlich fand sie ein paar Haselnüsse! Gerade genug für das Frühstück.

→ *Ein Kind sucht die versteckte Haselnuss.*

Sie kletterte wieder auf ihren Baum in ihr warmes Nest. Nach einiger Zeit hatte sie wieder Hunger. Sie überlegte: „Wo liegen wohl die Tannenzapfen?“ Die lagen rechts von ihrem Heimatbaum.

→ *Ein Kind sucht die Tannenzapfen.*

Erika findet auch die Tannenzapfen: „Hmmm, lecker!“

Nach dem Schmaus kletterte sie wieder in ihren Kobel für ein Mittagsschläfchen. Vom Knurren ihres Magens wurde sie wach. „Eicheln ... ich hab Hunger auf Eicheln“, dachte sie. „Wo hab ich die nur versteckt?“ Sie lief geradeaus und suchte dort unter der Schneedecke nach den Eicheln.

→ *Ein Kind sucht die versteckten Eicheln.*

So ging es den ganzen Winter lang ...

→ *Die Kinder suchen nach und nach alle Haselnüsse, Eicheln usw.*

… bis der Schnee taute und die ersten Blumen anfingen zu blühen. Vielleicht hat sie einige ihrer Verstecke nicht wiedergefunden und so bleiben ein paar Eicheln oder Nüsse unter der Erde vergraben. Und das ist sogar ganz wunderbar, denn wenn die Sonne im Frühling stärker scheint, wachsen aus ihnen neue Sträucher und Bäume.

König Karl der Kleine

Inhalt: König Karl der Kleine bekommt Übungen um zu wachsen.

Requisiten: keine

Methode: Die Kinder stehen im Kreis, mit genug Abstand, um sich nach allen Seiten strecken zu können. An vier Stellen machen sie die Übungen mit.

König Karl der Kleine saß auf seinem riesigen Thron und ließ die Beine baumeln, denn er kam mit seinen kurzen Beinen nicht auf den Boden. Er hatte eine große goldene Krone auf dem Kopf. Eigentlich hatte er sie mehr auf der Nase und den Ohren, denn die Krone war ihm viel zu groß. Er versank förmlich in dem Umhang, den er trug. Nur ein Stückchen seines dicken Bauches lugte heraus.

Den Thron, die Krone und den Umhang hatte Karl von seinem Vater, Karl dem Großen, geerbt. Karl der Große war, wie der Name schon sagt, ein großer Mann gewesen. Seine Frau, die Königin und Mutter von Karl dem Kleinen sagte immer: „Karlchen, du musst viel essen, damit du groß und stark wirst.“ Karl hatte viel gegessen, aber er wurde nicht groß, sondern bekam einen unheimlich dicken Bauch.

Zugegebenermaßen sah es sehr komisch aus, wie der kleine König auf dem viel zu großen Thron, mit dem viel zu großen Umhang und der viel zu großen Krone saß. Sein Hofstaat lachte oft über ihn. Manchmal, wenn es Karl dem Kleinen zu viel wurde, ließ er alle Leute in den Hühnerstall einsperren, damit sie dort mit den Hühnern gackern konnten.

Eines Tages hatte er genug davon, so klein zu sein. Er ließ einen Experten kommen, der ihm helfen sollte, länger zu werden.

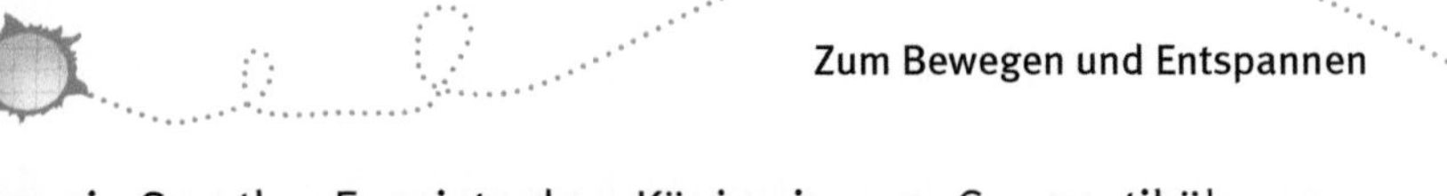

Der Experte war ein Sportler. Er zeigte dem König ein paar Gymnastikübungen, die der König dreimal am Tag machen sollte.

→ *Die Kinder machen diese Übungen mit.*

1. Die Finger ein paar Mal kräftig zur Faust ballen, danach spreizen und dehnen.
2. Die Arme in alle Richtungen ausstrecken.
3. Die Füße erst links, dann rechtsherum drehen und dehnen. Erst den linken, dann den rechten Fuß.
4. Die Beine in alle Richtungen strecken.
5. Die Arme so hoch wie möglich strecken.
6. Auf Zehenspitzen gehen und dabei die Arme so hoch wie möglich strecken.
7. Auf diese Weise einen Spaziergang um das Schloss machen.

Der König gab sein Bestes bei den Übungen. Er reckte und streckte sich, so weit er konnte.

Zu Neumond (dann ist die Nacht besonders dunkel) kamen die Schneiderin, der Goldschmied und der Schreiner heimlich ins Schloss. Die Schneiderin nähte den Umhang ein wenig kleiner, der Goldschmied machte die Krone ein wenig kleiner und der Schreiner sägte ein Stück vom Thron ab.

Am nächsten Morgen, als Karl der Kleine seinen Umhang anzog, merkte er schon einen Unterschied. Auch die Krone war nicht mehr viel zu groß und selbst der Thron war nicht mehr ganz so riesig. Er machte einen Freudensprung, wobei leider die Krone von seinem Kopf fiel, denn sie saß noch immer ein wenig zu locker. Trotzdem fing er noch vor dem königlichen Frühstück mit seinen Übungen an.

1. Die Finger ein paar Mal kräftig zur Faust ballen, danach spreizen und dehnen.
2. Die Arme in alle Richtungen ausstrecken.
3. Die Füße erst links, dann rechtsherum drehen und dehnen. Erst den linken, dann den rechten Fuß.
4. Die Beine in alle Richtungen strecken.

5. Die Arme so hoch wie möglich strecken.
6. Auf Zehenspitzen gehen und dabei die Arme so hoch wie möglich strecken.
7. Auf diese Weise einen Spaziergang um das
   Schloss machen.

Beim nächsten Neumond kamen wieder die Schneiderin, der Schreiner und der Goldschmied heimlich ins Schloss und verkleinerten die Krone, den Umhang und den Thron.
Auch diesmal war König Karl der Kleine freudig überrascht, dass er schon wieder gewachsen war. Aber was passierte da? Seine Hose rutschte ihm herunter! Wie peinlich!
Der Sportexperte wurde gerufen. „Wie erklären sie sich diese Peinlichkeit?“, fragte Karl der Kleine den Sportler vorwurfsvoll.
„Ich bin begeistert, Herr König!“, sagte der Sportler. „Ihre Länge war in Euer Majestät Bauch versteckt. Der war zu groß und dadurch blieben Arme und Beine zu kurz. Jetzt, wo der Bauch Ihrer Majestät weg ist, ist die Länge in Euer Majestät Beine und Arme gegangen. Darum passen Krone und Umhang nun besser. Verstehen Sie das?“
So ungefähr verstand der König das. Dadurch, dass sein Bauch geschrumpft war, waren die Beine und Arme gewachsen. Interessant, dass das so funktioniert, dachte er. Er machte weiter fleißig seine Übungen.

1. Die Finger ein paar Mal kräftig zur Faust ballen, danach spreizen und dehnen.
2. Die Arme in alle Richtungen ausstrecken.
3. Die Füße erst links, dann rechtsherum drehen und dehnen.
   Erst den linken, dann den rechten Fuß.
4. Die Beine in alle Richtungen strecken.
5. Die Arme so hoch wie möglich strecken.
6. Auf Zehenspitzen gehen und dabei die Arme so hoch, wie möglich strecken.
7. Auf diese Weise einen Spaziergang um das Schloss machen.

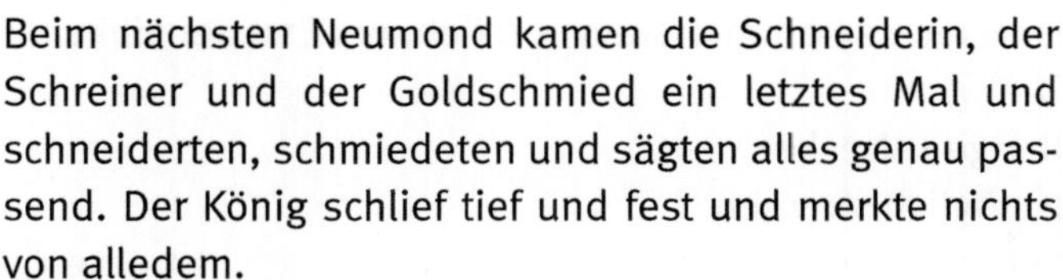

Beim nächsten Neumond kamen die Schneiderin, der Schreiner und der Goldschmied ein letztes Mal und schneiderten, schmiedeten und sägten alles genau passend. Der König schlief tief und fest und merkte nichts von alledem.
Als der König am nächsten Morgen merkte, dass alles wie angegossen passte, machte er einen Freudensprung. Diesmal blieb sogar die Krone auf dem Kopf. Er rief den Sportexperten zu sich. „Herr Experte, Sie haben Ihre Arbeit gut getan. Ich bin sehr zufrieden. Zum Dank bekommen Sie vier Goldstücke."

Der Sportler ging zur Schneiderin, zum Goldschmied und zum Schreiner und gab jedem ein Goldstück.

Da die Übungen so gut gewirkt hatten, veranlasste der König die Lehrerin des Schlosses, diese Übungen auch in der Schule anzubieten. Seitdem machen die Kinder jeden Tag königliche Streckübungen, damit sie groß werden.

1. Die Finger ein paar Mal kräftig zur Faust ballen, danach spreizen und dehnen.
2. Die Arme in alle Richtungen ausstrecken.

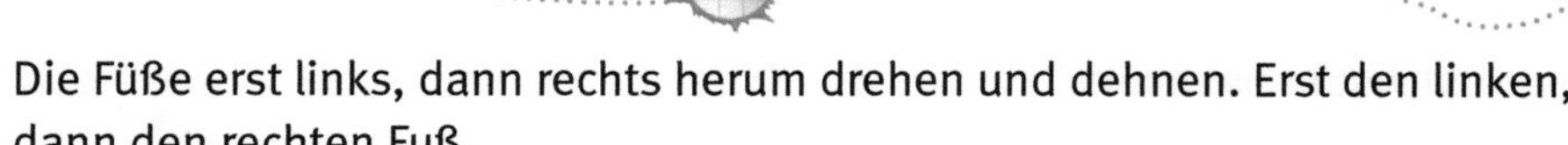

3. Die Füße erst links, dann rechts herum drehen und dehnen. Erst den linken, dann den rechten Fuß.
4. Die Beine in alle Richtungen strecken.
5. Die Arme so hoch wie möglich strecken.
6. Auf Zehenspitzen gehen und dabei die Arme so hoch, wie möglich strecken.
7. Auf diese Weise einen Spaziergang um das Schloss machen.

Den Kindern machte das mehr Spaß als das Rechnen und Schreiben und sie wurden alle groß.

Der König wurde nicht mehr ausgelacht und das war gut für den Schlossfrieden und die Hühner. Denn niemand wurde mehr in den Hühnerstall gesperrt.

Rennmaus Ronja

Inhalt: Die Rennmaus Ronja lernt die Langsamkeit einer Schnecke zu würdigen und entdeckt die Qualität der Ruhe.

Requisiten: evtl. Salat, Kirschen, Möhre aus dem Kaufmannsladen

Methode: Die Kinder sind am Anfang Rennmäuse. Sie rennen, wie es in der Geschichte erzählt wird, im Raum hin und her. Wenn Ronja mit der Schnecke schleicht, gehen auch die Kinder ganz langsam durch den Raum. Im Sommer kann die Geschichte draußen auf der Wiese gespielt werden. Die Kinder werden animiert alles wahrzunehmen und zu riechen, zu fühlen und zu hören.

Ronja, die Rennmaus, war ständig auf Achse. Sie saß fast nie ruhig in einer Ecke, sondern rannte immer hin und her, kreuz und quer durch den Gemüsegarten der Familie Klemens. Sie hatte auch allen Grund dazu, denn die Familie hatte eine Katze, die so eine Rennmaus als Frühstück nicht verschmähen würde. Außerdem gab es noch einige gefährliche Vögel, für die eine Rennmaus ein herrlicher Leckerbissen wäre. So rannte Ronja in die eine Ecke, um ein wenig vom Salat zu nagen, zur nächsten Ecke, um ein paar heruntergefallene Kirschen zu essen und weiter zu den Möhren.

→ *Die Sachen aus dem Kaufmannsladen werden im Raum verteilt und die Kinder rennen hin und her zwischen den Dingen.*

Eines Tages rannte sie wieder und – was war das? (→ *stoppen*) Ronja wäre doch beinahe über etwas gestolpert! Es war rund und darunter war es glibberig.

„Ey, mach mal langsam“, piepste das glibberige Ding.
„Leg mal ‘nen Zahn zu, die Katze und die Vögel kriegen dich sonst“, maulte Ronja zurück.
„Ach, die können dich nur kriegen, wenn du dich bewegst. Unbewegte Dinge können sie nicht sehen. Und wenn wirklich einer was will, verkrieche ich mich in mein Haus, da erwischt er mich nicht“, sagte das seltsame Etwas.
„Und wo soll ich mich bitteschön verkriechen? Ich hab nicht so ein praktisches Haus auf dem Rücken. Was bist du eigentlich für ein Ding?“
„Ich bin die Schnecke Susi. Und du? Die mit dem Turbo im Hintern?“, sagte Susi frech.
„Du klingst eher wie ein Frechdachs. Ich bin Ronja, die Rennmaus. Ich kenne den Garten wie kein anderer, weil ich ihn ungefähr hundertmal am Tag durchkreuze“, sagte Ronja stolz.
„Das glaub ich nicht. Du flitzt die ganze Zeit hin und her und hast darum gar keine Zeit dich umzusehen. Ich wette, du kannst mir nicht beschreiben, wie die Rosen duften und wie ihre Blüten im Sonnenuntergang schimmern“, erwiderte Susi und Ronja konnte sich wirklich nicht erinnern. Gab es Rosen im Garten? Die waren ihr noch nicht aufgefallen.
„Und hast du dir mal genau angesehen, wie ein Löwenzahn wächst? Und hast du den wunderschönen runden Stein gesehen, der dahinten zwischen den Salaten liegt? Ich bin über ihn drüber gekrochen. Er war warm von der Sonne und herrlich glatt.“ Susi geriet beinahe ins Schwärmen.
Ronja schüttelte den Kopf. Alles woran sie sich erinnerte, waren vorbeirasendes Grün und Braun. Sie stoppte immer nur, wenn sie etwas Essbares sah oder sie sich vor der Katze in einer Höhle verstecken musste.

„Wie schimmern denn die Rosenblüten in der Abendsonne?“, fragte Ronja interessiert.
„Weißt du was? Lass uns einen schönen Platz suchen, von wo man die Blüten sehen kann. Wenn wir jetzt loskriechen, müssten wir vor Sonnenuntergang dort sein. Unterwegs zeige ich dir noch den Stein und vielleicht entdeckst du ja auch noch neue Dinge, die dir vorher nie aufgefallen sind“, schlug Susi vor.

„Das hört sich gut an“, sagte Ronja. „Ich kann’s ja mal versuchen, das Kriechen. Wenn ich immer nur eine Pfote vor die andere setze, gehe ich ganz langsam.“
Sie wartete bis die Schnecke sich umgedreht hatte und beobachtete währenddessen, wie eine Biene in den Blütenkelch einer Blume flog, die sie vorher noch nie gesehen hatte. Die Biene verschwand für kurze Zeit und kam wieder herausgekrabbelt und flog zur nächsten Blüte.
„Wir können! Los geht’s!“, rief Susi.
Langsam, ganz langsam und noch langsamer bewegte sie sich und ihr Haus.
→ *Die Kinder schleichen und setzen einen Fuß vor den anderen.*
Ronja setzte eine Pfote vor die andere und schaute in den Himmel. Weiße Schäfchenwolken zogen über sie hinweg. Im Vergleich zur Schnecke erschienen sie der Maus schnell.
Wieder setzte sie eine Pfote vor die andere. Ein Regenwurm schaute verdutzt aus seinem Loch und wunderte sich sehr über die Spaziergänger. „Guten Tag, Herr Wurm! Ein schöner Tag heute, nicht wahr?“, grüßte Ronja den kleinen Mann, der vor Staunen nicht mehr sagen konnte als: „Äh... äh... ja ...äh, guten Tag.“
Noch eine Pfote vorwärts gesetzt. Ronja merkte, dass sie ruhiger wurde. Ihr Herz schlug langsamer und sie atmete langsamer. Und noch eine Pfote vor die andere gesetzt. Sie schaute sich ein Salatblatt genauer an. Ronja erkannte, dass es ein anderes Grün hatte als das Gras und der Schnittlauch.
Noch eine Pfote. „Schau, dort liegt der Stein, den ich meinte. Fühl mal, wie glatt und warm er ist“, sagte Susi.
Ronja strich mit einer Pfote über den Stein. Oh, wie schön er sich anfühlte. Als sie sich mit ihrem Bauch auf ihn legte, fühlte sie auch die Wärme.
„Ich wusste nicht, dass es im Garten Bienen und Würmer und warme Steine gibt. Ich wusste auch nicht, dass es hier so viele kleine Dinge gibt. Es ist wunderschön“, schwärmte Ronja.
„Warte mal ab, bis du die Rosen im Sonnenuntergang gesehen hast. Komm, wenn wir uns nicht hetzen wollen, müssen wir weitergehen. In drei Stunden ist Sonnenuntergang“, drängelte Susi.
Und sie krochen weiter. Pfote für Pfote, Schritt für Schritt.

Auf einmal entdeckte Ronja die Katze, die auf leisen Pfoten durch den Garten schlich. „Oh, da ist die Katze. Schnell, wir müssen uns verstecken!“, rief Ronja aufgeregt.

„Bleib ruhig, Ronja“, beruhigte Susi sie. „Die Katze sieht dich nur, wenn du dich schnell bewegst. So, wie wir jetzt laufen, kann sie dich gar nicht sehen.“

„Bist du dir sicher? Ich will nicht im Katzenbauch landen. Ich bin noch zu jung dafür.“ Ronja hatte doch ein flaues Gefühl im Magen beim Gedanken an die Katze, aber Susi beruhigte sie. „Du warst die ganze Zeit so beschäftigt mit dem Beobachten von anderen Tieren und dem langsamen Laufen, dass du nicht gesehen hast, dass die Katze schon ein paar Mal an uns vorbeigelaufen ist, ohne dich zu fressen. Ich hab es gesehen, aber ich habe nichts gesagt.“

Jetzt war Ronja beruhigt und sie liefen weiter. Pfote für Pfote, Schritt für Schritt. Die Katze ließ sie tatsächlich in Ruhe. Sie sprang einem Schmetterling hinterher, dann schnupperte sie an den Radieschen und schließlich verschwand sie wieder durch den Gartenzaun.

Aber Ronja achtete schon nicht mehr auf sie. Sie roch etwas herrlich Süßes.

„Hmm, was rieche ich?“, fragte sie Susi. „Das ist der Holunderbusch“, antwortete die Schnecke. „In ein paar Wochen sind die Holunderbeeren reif und dann fallen hoffentlich ein paar leckere Beeren auf die Erde.“

Sie schlichen weiter, vorbei an den Zwiebeln, die ein wenig streng rochen, durch den Spinat und den Schnittlauch entlang, bis sie eine Steinmauer erreichten, auf die sie kletterten. Die Sonne stand schon tief am Himmel und es sollte nicht mehr lange dauern, bis sie sich rot färben und langsam am Horizont versinken würde.

→ *Die Kinder setzen sich.*

„Ich bin ganz schön aufgeregt. Wir sind so lange unterwegs gewesen, um den Sonnenuntergang zu sehen und jetzt haben wir unser Ziel erreicht“, sagte Ronja und bekam tatsächlich rote Ohren vor Aufregung.

„Ich sagte dir doch, dass es eine ganz andere Erfahrung ist, so langsam zu gehen. Aber jetzt still. Es fängt an. Ich will den Sonnenuntergang genießen“, flüsterte Susi.

Die beiden saßen auf der Mauer und betrachteten das Schauspiel der Sonne, wie sie langsam rot wurde und wie ein warmer, roter Ball hinter den Häusern am westlichen Horizont verschwand. Ihre roten Strahlen tauchten den Garten in ein goldenes Licht. Und tatsächlich, die Blütenblätter der Rosen schimmerten wunderschön, als ob sie aus Gold wären. Ronja bewunderte dieses Farbenspiel und konnte es nicht fassen. Sie flitzte schon viele Monate in diesem Garten hin und her, aber wusste nicht, dass es hier so schön war.
Ronja drehte sich zu ihrer Freundin um und bedankte sich: „Liebe Susi, ich bin so froh, dass ich dich getroffen habe. Du hast mir die Schönheit des Gartens und der Langsamkeit gezeigt. Sollen wir uns morgen Abend wieder hier treffen?“
„Ich würde ja gerne, aber ich hab seit drei Wochen Lust auf Kirschen, nur – der Kirschbaum steht so weit weg von hier. Ich brauche drei Tage um dorthin zu kommen. Dann brauche ich wieder drei Tage, um zurückzukommen. In einer Woche können wir uns wieder hier treffen“, erklärte Susi.
„Ich könnte eben rüberflitzen und eine Kirsche für dich holen. Ich bin in drei Minuten wieder da“, bot Ronja an.
„Hast du denn nichts gelernt von heute?“, seufzte die Schnecke. „Denkst du, dass dieser Sonnenaufgang nur halb so schön gewesen wäre, wenn du ihn innerhalb einer Minute erreicht hättest? Die Mühe und die Anstrengung machen die Aussicht dreimal so schön. So wird es auch mit den Kirschen sein.“

„Du hast recht. Ich bin müde, lass uns schlafen. Gute Nacht!“, sagte Ronja und suchte sich eine Höhle in der Steinmauer, wo sie schlafen konnte. Am nächsten Morgen stand sie schon früh auf, lief leise zum Kirschbaum und suchte eine saftige, rote Kirsche und legte sie vor die Steinmauer, auf der die Schnecke saß und noch immer in ihrem Haus schlummerte. „Hey, Susi! Guten Morgen! Ich hab Frühstück für dich!“, rief Ronja.
Als Susi vorsichtig ihre Fühler aus ihrem Haus steckte und sich umsah, rief Ronja aufgeregt: „Ich weiß, das war nicht abgemacht. Aber ich hab die ganze Nacht darüber nachgedacht, wie ich mich bei dir bedanken kann für den gestrigen Abend und da dachte ich, ich kann dir mit einer einzigen, leckeren Kirsche eine Freude

  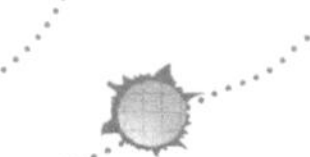

machen. Für die anderen Kirschen musst du selbst zum Kirschbaum kriechen. Diese Kirsche ist ein Freundschaftsgeschenk und ist genauso verdient, wie die anderen Kirschen nach drei Tagesmärschen. Verstehst du, wie ich das meine?"
Susi lächelte und sagte: „Du hast es verstanden und ich auch. Diese Kirsche wird mir sicher gut schmecken. Vielen Dank." Sie kroch von der Mauer.
„Und weißt du was?", fragte Ronja. „Wenn du die Kirsche aufgegessen hast, werde ich den Kern hier vergraben und dann wächst hier in ein paar Jahren ein Kirschbaum und wir können jeden Abend den Sonnenuntergang sehen und am nächsten Morgen Kirschen zum Frühstück essen."

Seit jenem Morgen trafen sich die beiden jeden Sonntagabend auf der Steinmauer, um den Sonnenuntergang zu betrachten. Ronja rannte zwar wieder hin und her durch den Garten, aber jedes Mal, wenn sie Susi traf, begleitete sie sie für einige Zeit und sie schlichen gemeinsam durch die Beete.
→ *Ein oder zwei Kinder spielen Schnecke, die anderen Maus und rennen durch den Raum, aber schleichen auch manchmal mit den Schnecken.*

Die anderen Tiere im Gemüsegarten der Familie Klemens wunderten sich über das seltsame Pärchen. Einige beneideten es sogar um seine Ruhe und Gelassenheit.

Raupe Rita

Inhalt: Raupe Rita sieht, wie sich andere Tiere bewegen und wird traurig, verkriecht sich in ihren Kokon und wird ein schöner Schmetterling.

Requisiten: evtl. Tücher als Kokon

Methode: Die Kinder machen die Bewegungen der Tiere nach.

Eines schönen Sommertages saß die Raupe Rita auf einem Blatt des Apfelbaums des Bauern Tannengut. Einen ganzen Tag lang war sie unterwegs um vom Stamm auf das Blatt zu kriechen. Ab und zu nahm sie einen Happen aus dem leckeren Blatt und beobachtete die Tiere des Bauernhofs.

Unter ihr watschelten die Enten durch das hohe Gras zum nahe gelegenen Teich. Die laufen ja komisch, lachte Rita.

→ *Die Kinder watscheln wie die Enten.*

Am Teich sprangen ein paar Frösche aufgeregt von Stein zu Stein.

→ *Die Kinder springen wie Frösche.*

Sie waren so aufgeregt, weil in der Nähe ein großer Storch durch das Teichufer watete.

→ *Die Kinder waten wie der Storch.*

Dann sah sie eine Katze umher schleichen. Sie war auf der Suche nach Mäusen.

→ *Die Kinder schleichen wie Katzen.*

Etwas weiter weg auf der Koppel galoppierten ein paar Pferde.
→ *Die Kinder galoppieren wie Pferde*
Oh, was sind die schnell und schön, dachte Rita und nahm noch einen Bissen Apfelbaumblatt.

Auf dem Dach des Bauernhauses saßen ein paar Vögel. Oh, jetzt muss ich aufpassen, denn manche Vögel essen so kleine Raupen wie mich als Snack, dachte Rita und duckte sich zur Vorsicht. Einige aus der Vogelschar spreizten ihre Flügel aus und flogen los.
→ *Die Kinder fliegen wie Vögel.*

Das will ich auch, dachte Rita. Ich krieche immer nur umher. Ich will auch fliegen können, aber Raupen können nur kriechen. Kriechen und kriechen und kriechen. Wie langweilig! Außerdem bin ich langweilig grün. Guck mal, die Enten haben grüne Köpfe und der Storch hat einen schönen langen roten Schnabel. Die Katze hat ein gestreiftes Fell und die Pferde haben ein schwarzes Fell und weiße Beine. Ich will nicht mehr nur kriechen und langweilig aussehen. Ich bin ja so unglücklich! Ich werde eine kleine Höhle bauen und mich dort verstecken. Ich will keinen mehr sehen und bestimmt keine Pferde und Vögel.

Gesagt getan, Rita baute sich eine kuschelige kleine Höhle, in die nur sie hineinpasste. Sie machte sogar den Eingang zu. Sie nannte die Höhle Kokon. Dann würde niemand sie mehr stören. Als sie fertig war, wurde sie müde.
→ *Die Kinder machen sich klein und legen eventuell ein Tuch über sich.*

Sie musste wohl sehr lange geschlafen haben, denn als sie wach wurde, hatte sie den Eindruck, dass ihre Höhle geschrumpft war. Oder war sie gewachsen? Oh, was war das? Die Höhle, der Kokon brach an einigen Stellen auf. Rita wollte sich recken und strecken, denn ihre Beine waren eingeschlafen. „Wie?“, wunderte sie sich, „Meine Beine? Ich bin doch eine Raupe! Raupen haben keine Beine!“
→ *Die Kinder beginnen, sich zu recken und zu strecken.*

Als der Kokon aufbrach, sah sie als erstes zwei wunderschöne Fühler, die sich herausstreckten. Dann sah sie, dass sie sechs wunderschöne lange Beine hatte und zum Schluss merkte sie, dass sich auf ihrem Rücken zwei riesige Flügel entfalteten. Sie musste noch eben warten, bis die Flügel trocken und ausgebreitet waren, aber dann bemerkte sie, dass es zwei der schönsten Flügel waren, die sie je gesehen hatte. Sie waren bunt und riesig groß. „Kann das denn sein? Kann es sein, dass ich fliegen kann?“, fragte sich Raupe Rita. Sie probierte ihre Flügel aus und fing an, vorsichtig zu flattern.

→ *Die Kinder flattern mit den Armen.*

Und tatsächlich! Sie flog! Zwar noch ein wenig unsicher, aber sie flatterte auf einen schönen gelben Löwenzahn zu. Die Katze, die dort gerade umherschlich, hielt inne und wollte Rita beschnuppern. Das war Rita aber nicht so recht. Sie flog weiter und flog zurück auf den Apfelbaum, denn die Blüten rochen herrlich! Ein paar Kinder, die mit der Katze spielten, riefen aufgeregt: „Guckt mal, ein schöner Schmetterling!“

Erfreut flatterte Rita öfter hin und her, um auf den Apfelbaum zu gelangen.

„Juppie! Ich bin schön!“, rief sie.

Zum Mitspielen und Mitlachen

Der große Ballandrino

Inhalt: Dies ist eine Aktivgeschichte mit ruhigem Ende, gut geeignet als Abschluss eines Stuhlkreises oder Ähnlichem. Der große Ballandrino verändert seine Umgebung ständig. Es wird heiß und kalt. Am Ende werden alle müde und schlafen.

Requisiten: Ball, Tuch

Methode: Zu Beginn liegt der Ball in der Mitte des Kreises unter dem Tuch. Die Kinder spielen, dass bestimmte Farben von ihm angezogen werden, oder dass es kalt und warm wird, dass es stürmt oder dass sie Musik hören. Der Vorleser macht die Bewegungen oder die Ideen dafür vor. Die Kinder sprechen den wiederkehrenden Reim mit und klatschen auf „-plett“ in die Hand. Am Ende können die Kinder eigene Ideen einbringen.

Ich hab euch heute jemanden mitgebracht. Wollt ihr wissen wer es ist? Es ist der große Ballandrino! Solange er unter dem Tuch ist, wirkt seine Kraft nicht. Aber wenn ich gleich das Tuch wegnehme, werdet ihr seine Stärke fühlen können. Wer hilft mir, vorsichtig das Tuch wegzunehmen?

Wow, das ist er, der große Ballandrino. Der Ballandrino kann sich verändern. Er sieht zwar die ganze Zeit so aus, wie er jetzt aussieht, aber etwas verändert sich doch. Ihr werdet sehen. Seid ihr bereit?

Großer Ballandrino, sei so nett,
ändre dich komplett!

Oh, was ist das? Auf einmal werden alle roten Sachen zu ihm gezogen, wie von einem Magneten. Wer hat eine rote Hose oder ein rotes T-Shirt an? Fühlt ihr, wie eure Hose oder euer T-Shirt vom großen Ballandrino angezogen wird?
→ *Kinder mit roten Kleidungsstücken laufen zum Ball.*

Großer Ballandrino, sei so nett,
ändre dich komplett!

Und was ist das? Alle blauen Sachen werden von ihm angezogen. Alle blauen Hosen und T-Shirts zieht es zu ihm!
→ *Kinder mit blauen Kleidungsstücken laufen zum Ball.*

Großer Ballandrino, sei so nett,
ändre dich komplett!

Fühlt ihr das auch? Es wird auf einmal kalt.
→ *Tun, als ob es kalt wäre. Die Arme um den Körper schlingen, bibbern ...*
Uh, ich zittre vor Kälte.

Großer Ballandrino, sei so nett,
ändre dich komplett!

Oh, das ist angenehmer. Es wird wärmer... Aber was ist das? Es wird immer wärmer und wärmer! Puh, wie wird es hier heiß!

→ *Den Schweiß von der Stirn wischen, sich Luft zufächern ...*

Großer Ballandrino, sei so nett,
ändre dich komplett!

Oh, jetzt fängt er an zu pusten. Er macht einen Sturm. Wir müssen gegen den Sturm ankämpfen. Lasst euch nicht wegpusten! Haltet durch!

Großer Ballandrino, sei so nett,
ändre dich komplett!

Welch schöne Musik höre ich jetzt! Kommt, lasst uns tanzen wie Ballerinas!

Großer Ballandrino, sei so nett,
ändre dich komplett!

→ *Abhängig von der Zeit und dem Alter der Kinder kann man noch weitere Veränderungen spielen. Vielleicht zittert der Boden und zittern dadurch die Beine.*

Ach, was ist denn das? Ich werd auf einmal müde. Ich muss gähnen und mich recken und strecken. Ich glaub, ich werd mich mal hinsetzen. Und dann gähne ich noch mal.

Ich leg mich mal hin, ich bin ja so schrecklich müde.

Oh, langsam fallen mir die Augen zu und ich fange an zu „chchchch – fffff"

→ *Alle legen sich hin und „schlafen".*

Auch der große Ballandrino ist nun müde und wir decken ihn zu mit dem Tuch.

Frau Fröhlich backt Kuchen

Inhalt: Frau Fröhlich backt einen Kuchen, hat aber die Zutaten nicht im Haus und fragt ihre Nachbarinnen, Frau Müde, Frau Verliebt, Frau Sauer, Frau Ängstlich und Frau Traurig, ob sie ihr aushelfen können.

Requisiten: keine

Methode: Der Vorleser spricht in den verschiedenen Emotionen. Entweder spielen alle Kinder jeweils die entsprechenden Frauen nach, oder die Rollen werden mit einzelnen Kindern besetzt. Die Kinder machen bei den verschiedenen Emotionen entsprechende Mimik oder Gestik. Frau Fröhlich ist fröhlich, Frau Traurig traurig usw. Die Kinder laufen, wie die Frauen laufen (verliebt, ängstlich, sauer ...).

Eines Tages, es war, glaube ich, ein Samstag, hatte Frau Fröhlich die Idee, einen Kuchen zu backen. Sie strahlte vor Freude, als sie daran dachte, wie lecker der Kuchen schmecken würde. Sie suchte ein Rezept aus dem Backbuch, stellte eine Rührschüssel auf den Küchentisch, legte den Mixer, die Küchenwaage und den Messbecher daneben und fing an zu lesen:

„250 Gramm Butter in eine Schüssel geben."

Sie öffnete den Kühlschrank und stellte fest, dass sie keine Butter mehr hatte.

„Hmm, was mach ich jetzt? Ich freue mich doch so auf leckeren Kuchen. Vielleicht hat meine Nachbarin, Frau Traurig, ein wenig Butter."

So zog Frau Fröhlich ihre Jacke an und lief zu Frau Traurig.

„Guten Tag, Frau Traurig", sagte Frau Fröhlich fröhlich. „Wie geht's?"

„Guten Tag, Frau Fröhlich“, sagte Frau Traurig traurig. „Es geht so.“
„Frau Traurig, ich bin gerade dabei, einen Kuchen zu backen, aber mir fehlt leider die Butter. Könnten Sie mir vielleicht mit 250 Gramm Butter aushelfen?“
„Ja, das kann ich. Einen Moment bitte.“ Frau Traurig schlurfte mit hängenden Schultern in die Küche und kam zurück mit einem Päckchen Butter.
→ *Das Kind, das Frau Traurig spielt, schlurft traurig mit hängenden Schultern.*
„Das ist ja wunderbar“, sagte Frau Fröhlich heiter. „Darf ich Sie dann zum Kuchenessen einladen, wenn der Kuchen fertig ist?“
„Gerne“, seufzte Frau Traurig. „Ich glaube, das tut mir gut.“

Frau Fröhlich ging wieder nach Hause, wog die Butter ab und gab sie in die Teigschüssel. Dann las sie das Rezept weiter: „Geben Sie vier Eier zu der Butter.“ Wieder schaute Frau Fröhlich im Kühlschrank nach, aber da gab es nur noch ein Ei. „Hmm, vielleicht hat Frau Sauer noch drei Eier“, überlegte sie und warf sich wieder die Jacke über. „Guten Tag, Frau Sauer“, sagte Frau Fröhlich strahlend. „Wie geht's?“
„Guten Tag, Frau Fröhlich“, sagte Frau Sauer ärgerlich. „Wie soll es mir schon gehen? Nur Ärger!“
„Ich backe gerade einen Kuchen, aber habe gerade festgestellt, dass ich nicht genug Eier habe. Könnten Sie mir vielleicht mit drei Eiern aushelfen?“, fragte Frau Fröhlich.
„Gleich drei Eier?“, fragte ihre Nachbarin säuerlich. „Ich werd mal schauen“, und sie stapfte zur Küche.
→ *Das Kind, das Frau Sauer spielt, stapft.*
Kurze Zeit später kam sie mit drei Eiern zurück.
„Das ist klasse!“, sagte Frau Fröhlich begeistert. „Vielen Dank! Darf ich Sie zum Kuchen essen einladen, wenn der Kuchen fertig ist?“
„Das ist ja wohl das mindeste“, sagte Frau Sauer mit finsterer Miene.

Zu Hause fügte Frau Fröhlich die Eier zu der Butter und las wieder im Rezept: „Nun werden 150 Gramm Zucker dazugegeben.“

Zucker? Sie öffnete alle Schranktüren, suchte im Vorrat, nirgends war Zucker. Selbst das Zuckertöpfchen für den Kaffee war fast leer.
„Vielleicht hat meine Nachbarin, Frau Ängstlich, etwas Zucker für mich“, dachte Frau Fröhlich und wieder schnappte sie sich ihre Jacke.
Sie klingelte bei Frau Ängstlich. Nach einer Weile hörte sie eine ängstliche Stimme von Innen rufen: „Wer ist denn da?“
„Ich bin es, Frau Fröhlich“, rief Frau Fröhlich fröhlich. Da öffnete Frau Ängstlich vorsichtig die Tür. „Guten Tag, Frau Ängstlich“, sagte Frau Fröhlich. „Wie geht's?“
„Guten Tag, Frau Fröhlich“, sagte Frau Ängstlich mit Erleichterung in der Stimme. „Ich bin froh, dass Sie es sind.“
„Ich backe einen Kuchen, habe aber gerade gemerkt, dass mir der Zucker fehlt. Hätten Sie vielleicht eine Tasse Zucker für mich?“, fragte Frau Fröhlich. „Ich denke schon, einen Moment bitte.“ Und schon huschte sie zur Küche und kam kurz darauf zurück mit einer Tasse Zucker, aber ganz vorsichtig, damit sie nichts verschüttete.
→ *Szene wird nachgespielt.*
„Das ist ja phantastisch!“, sagte Frau Fröhlich froh. „Hätten Sie Lust, den Kuchen zu probieren, wenn er fertig ist?“
„Ich komme gerne, wenn Sie keinen Hund und keine Mäuse haben“, antwortete die Nachbarin ängstlich.
„Nein, ich habe keine Haustiere. Ich freu mich. Vielen Dank noch mal“, sagte Frau Fröhlich und lief glücklich wieder nach Hause.

Dort gab sie den Zucker zu der Butter und den Eiern und rührte alles schön schaumig. Dann las sie wieder im Rezept:
„Fügen Sie 500 Gramm Mehl hinzu.“ Wieder suchte Frau Fröhlich in allen Schränken und fand kein Mehl.
„Dann werde ich zu Frau Müde gehen und sie um Mehl bitten“, dachte Frau Fröhlich und lief schnell hinüber.
Frau Müde öffnete langsam die Tür und sagte müde: „Jaaaaa, bitteeee?“

„Guten Tag, Frau Müde“, sagte Frau Fröhlich und freute sich, dass Frau Müde die Tür geöffnet hatte. „Ich backe gerade einen Kuchen und habe dummerweise kein Mehl im Haus. Ist es vielleicht möglich, hier ein halbes Kilo Mehl zu bekommen?“
„Einen Kuchen?“, fragte Frau Müde und gähnte. „Mehl? Ja, ich habe noch eine Packung Mehl. Einen Moment.“ Sie schlurfte zur Küche und kam gähnend mit einer Packung Mehl wieder zur Haustür.
→ *Ein Kind spielt diese Szene.*
„Das ist super!“, sagte Frau Fröhlich. „Darf ich Sie zu einem Stückchen Kuchen einladen, wenn der Kuchen fertig ist?“
„Gerne, ich werde bis dahin noch ein wenig schlafen“, antwortete Frau Müde schläfrig.

Zurück in ihrer eigenen Küche wog Frau Fröhlich das Mehl ab und schüttete es langsam zu dem Teig. Er wurde zu fest. Sie las wieder im Rezept: „Geben Sie ¼ Liter Milch hinzu.“
Frau Fröhlich ahnte es schon, und tatsächlich hatte sie keine Milch im Haus. „Dann werde ich Frau Verliebt fragen, ob sie Milch hat“, dachte sich Frau Fröhlich und klingelte bei dem Haus mit der rosa Haustür.
„Juhuu, ich komme“, hörte sie innen die Stimme von Frau Verliebt.
„Guten Tag, Frau Verliebt“, sagte Frau Fröhlich. „Wie geht’s?“
„Einen herzlich guten Tag, Frau Fröhlich“, sagte Frau Verliebt. „Herrlich.“
„Frau Verliebt, ich backe gerade einen Kuchen und mir ist leider die Milch ausgegangen“, sagte Frau Fröhlich. „Hätten Sie vielleicht noch eine Tasse Milch für mich?“
Als Frau Verliebt nicht sofort antwortete, weil sie verträumt in die Ferne schaute, sagte Frau Fröhlich noch einmal: „Frau Verliebt, könnte ich etwas Milch bekommen für meinen Kuchen?“ „Ach ja, Entschuldigung“, sagte Frau Verliebt und verschwand in der Küche, um mit einer herzförmigen Tasse Milch wiederzukommen.
→ *Ein Kind spielt Frau Verliebt.*
„Das ist ja perfekt“, sagte Frau Fröhlich. „Wenn Sie Lust haben, kommen Sie doch einfach vorbei, wenn der Kuchen fertig ist. Dann können Sie ihn probieren.“
„Gerne“, sagte Frau Verliebt und schloss verträumt die Tür.

Frau Fröhlich rührte die Milch in den Teig und füllte ihn in die Kuchenform. Dann schob sie ihn in den Ofen.
Sie deckte den Tisch für Frau Verliebt, Frau Ängstlich, Frau Sauer, Frau Müde und sich selbst.

Sie rief ihre Nachbarinnen an und lud sie für vier Uhr zum Kuchenessen ein. Als Frau Traurig sich traurig die Jacke anzog und die Tür hinter sich schloss, lief gerade Frau Sauer an ihrem Haus vorbei. „Guten Tag, Frau Sauer", grüßte sie freundlich, aber traurig. „Guten Tag", raunzte Frau Sauer. „Wohin gehen Sie denn, Frau Traurig?" „Ach, die arme Frau Fröhlich hatte keine Butter für ihren Kuchen und da habe ich ihr ein Päckchen Butter gegeben und jetzt muss ich bei ihr Kuchen essen", sagte Frau Traurig. „Ja? Bei mir war sie auch. Sie wollte unbedingt drei Eier haben, für ihren Kuchen. Und jetzt muss ich auch noch bei ihr Kuchen essen", regte sich Frau Sauer auf.
Sie liefen, die eine traurig schlurfend, die andere sauer weiter. Beim Haus von Frau Ängstlich versteckte sich Frau Ängstlich hinter dem Holunderbusch. „Guten Tag die Damen", grüßte sie mit ängstlicher Stimme. „Warum verstecken Sie sich denn da?", schnauzte Frau Sauer. „Frau Fröhlich hat mich zum Kuchenessen eingeladen. Weil sie keinen Zucker hatte, habe ich ihr ausgeholfen. Nur, – jetzt traue ich mich nicht auf die Straße, weil ich Angst habe, dass ein Dieb meine Handtasche klaut oder ein Auto mich umfährt." „Ach, dann begleiten Sie uns doch. Wir gehen auch bei Frau Fröhlich Kuchen essen", sagte Frau Traurig.
Vorsichtig kam Frau Ängstlich hinterm Holunderbusch vor, guckte sich dreimal um, bevor sie sich den beiden Frauen anschloss. Ängstlich folgte sie ihnen.

Hinter sich hörten sie jemanden über den Gehsteig schlurfen. „Das kann nur die Frau Müde sein", fauchte Frau Sauer und tatsächlich lief Frau Müde gähnend und verschlafen auf die Gruppe zu. „Huuaaah", gähnte sie. „Gehen Sie auch zu Frau Fröhlich zum Kuchenessen?", fragte Frau Traurig. „Hmm, ja. Frau Fröhlich hatte kein Mehl für ihren Kuchen." Da sagte Frau Ängstlich: „Wenn wir gemeinsam gehen, werden wir bestimmt nicht überfallen und dann sehen uns die Autofahrer sicher. Kommen Sie, wir gehen zu Frau Fröhlich." Vor der Haustür sahen sie Frau

Verliebt, die vergessen hatte zu schellen, weil sie schon wieder von ihrer Liebe träumte. Als sie die Nachbarinnen sah, kam sie ihnen entgegengelaufen. Gelaufen? Sie tänzelte mehr. „Ach, wie nett, dass Sie hier sind. Was tun Sie hier?", fragte sie überrascht. „Wir sind alle zum Kuchenessen eingeladen", sagte Frau Sauer. „Von mir hat sie die Eier", sagte sie sauer.

„Von mir hat sie die Butter", sagte Frau Traurig traurig. Und Frau Ängstlich sagte: „Und von mir den Zucker." Frau Müde: „Von mir das Mehl" und Frau Verliebt: „Und von mir die Milch."

Sie klingelten und als Frau Fröhlich die Tür öffnete, freute sie sich natürlich, dass sie alle gekommen waren.

„Frau Fröhlich", fragte Frau Verliebt, „sind Sie verheiratet?" „Ja, ich bin verheiratet. Warum fragen Sie das?", antwortete sie.

„Weil ich wette, dass ich weiß, wie sie früher geheißen haben", antwortete Frau Verliebt. „Sie hießen früher Frau Vergesslich!"

Alle lachten und es wurde ein heiteres Kuchenessen. Der Kuchen schmeckte allen sehr gut und sie vergaßen zwischendurch sogar ängstlich, verliebt, müde, sauer oder traurig zu sein.

Ein Denkmal für Schönlingen

Inhalt: Bürgermeister Wolke sucht nach einem perfekten Motiv für ein Denkmal in seiner Stadt. Verschiedene Modelle werden angefertigt, aber keines gefällt dem Bürgermeister, bis ein kleiner Junge einen ausgezeichneten Vorschlag macht.

Requisiten: Für die verschiedenen Denkmäler können Gegenstände helfen: ein Thron (Stuhl) und eine Krone für den König, Schild (Topfdeckel) und Lanze (Stock) für den Ritter und ein Kontrabass (Besen) für den Musikanten.

Methode: Ein Kind ist jeweils der Künstler, der ein anderes Kind in die gewünschte Position und Pose bringt. Beim letzten Standbild werden alle Kinder zu einem Denkmal.

Bürgermeister Wolke

von Schönlingen hatte ein Problem. Schönlingen war, wie der Name schon sagt, eine schöne Stadt. Die Stadt hatte schöne Häuser und Straßen, Parks, Spielplätze und einen großen Marktplatz. Genau dieser Marktplatz war das Problem. Er lag vor dem Rathaus und es standen ein paar Bäume am Rand des Platzes. Jeden Mittwoch war hier Markt und einmal im Jahr fand die Kirmes mit Autoscootern und Kinderkarussels statt.

Wenn nicht gerade Kirmes oder Markt war, war der Platz öde und leer. Bürgermeister Wolke dachte lange nach, wie er den Marktplatz verschönern könnte. Eines Nachts, Bürgermeister Wolke hatte nachts immer die besten Ideen, fand er die Lösung: Schönlingen braucht ein Denkmal, eine Statue!

Am nächsten Morgen beriet er sich mit seinen Kollegen im Rathaus. Sie fanden die Idee großartig. Aber was für eine Statue passte am besten auf den Marktplatz von Schönlingen?
„Vielleicht ein Bild des Königs, der hier vor 500 Jahren regiert hat!", schlug die Sekretärin vor.
Das war eine tolle Idee, fand Bürgermeister Wolke und bat einen Künstler eine Statue von Heinrich dem Fünften anzufertigen. Denn Heinrich der Fünfte war vor langer, langer Zeit König von Schönlingen und dem umliegenden Land gewesen.
Der Künstler goss aus Bronze eine Statue: Ein König, mit mächtiger Miene, einer Krone, einem Umhang und einem Zepter saß auf einem Thron.
→ *Der „Künstler" sucht ein Kind aus und „modelliert" das Kind.*

Als der Bürgermeister das Kunstwerk sah, war er doch nicht ganz zufrieden. „Das Bild ist viel zu starr und steif!", rief er. „Überlegt weiter, es muss etwas Besseres geben!"
Jemand anders sagte: „Es gab hier mal einen tapferen Ritter Kunibert, der während des 30-jährigen Krieges nie vom Pferd gefallen ist."
„Eine ausgezeichnete Idee!", rief der Bürgermeister und beauftragte einen Künstler, den Ritter Kunibert mit Lanze und Schild auf einem Pferd sitzend in Bronze zu gießen.
→ *Ein „Künstler" modelliert mit zwei Kindern den Ritter.*

Als das Kunstwerk fertig war, schüttelte der Bürgermeister wieder mit dem Kopf. „Vor diesem Ritter werden alle Kinder Angst haben. Das geht nicht. Es muss eine bessere Idee geben."
Ein anderer sagte: „Es gab hier einmal einen berühmten Musikanten. Der konnte ganz toll Kontrabass spielen, aber er war immer traurig. Dem können wir ein Denkmal widmen."
„Welch eine gute Idee", sagte der Bürgermeister und leitete alles in die Wege.
→ *Ein „Künstler" modelliert einen traurigen Musikanten (anderes Kind) mit Kontrabass.*

Und wieder passte dem Bürgermeister etwas nicht. „Dann fangen mir die Leute noch an zu weinen, wenn sie einen so traurigen Musikanten sehen. Ich will, dass die Menschen fröhlich sind.“
Da kam ein kleiner Junge in das Rathaus und sagte zu Bürgermeister Wolke: „Herr Bürgermeister, immer denken Sie daran, wie es früher war und wer früher gelebt hat. Diese Menschen sind alle tot. Viel spannender ist es doch jetzt.“

Da staunte der Bürgermeister nicht schlecht. Und er brauchte nicht lange nachzudenken und rief einen Künstler zu sich.

„Mein lieber Künstler, ich möchte, dass Sie ein Denkmal machen von einer Gruppe Kinder. Die sind nicht so starr und langweilig wie ein König, nicht so beängstigend wie ein Ritter und sie machen die Leute fröhlicher als der Musikant, und sie stehen für heute und für die Zukunft. Und das ist es, was Schönlingen braucht."

Und der Künstler fing sofort an und goss ein wunderschönes Denkmal.

→ *Ein „Künstler" arrangiert alle Kinder zu einem bunten, fröhlichen Denkmal.*

Das Denkmal wurde weit über die Stadtgrenzen bekannt. Und es kamen viele Touristen nach Schönlingen, um endlich mal ein fröhliches Denkmal zu sehen. Cafés eröffneten rund um den Marktplatz und im Sommer saßen die Leute gern draußen mit Blick auf das Denkmal, ließen sich ihren Kuchen oder ein Eis schmecken und tranken Kaffee. Und die Kinder? Na, die freuten sich ebenso über das Denkmal. Sie spielten rundherum Fangen und Verstecken und gaben den Denkmalkindern Namen.

Zirkus im Kindergarten

Inhalt: Jedes Kind bekommt einen „Floh“, der zunächst auf dem Körper umher springt und für Juckreiz sorgt, dann aber Kunststückchen macht. Danach können Flohkästchen gebastelt werden.

Requisiten: Eine bunt beklebte oder bemalte Streichholzschachtel als Flohkästchen. Zum Basteln der Flohkästchen für jedes Kind eine Streichholzschachtel und Bastelmaterial (bunte Papiere, Kleber, Scheren).

Methode: Diese Geschichte verlangt vom Erzähler etwas Improvisationstalent. Durch sein Vorbild animiert er die Kinder, behutsam und rücksichtsvoll mit den Flöhen umzugehen und ein wenig Theater zu spielen.

Liebe Kinder, heute habe ich euch eine Überraschung mitgebracht. Es ist in diesem Kästchen. Habt ihr eine Idee, was da drin sein könnte? Ich gebe euch einen Tipp. Es ist für jeden einer drin. Sie sind ganz, ganz miniklein. Sie können springen und hüpfen. Wisst ihr es jetzt?

Es ist der Floh Kasimir mit seinen Freunden! Ich gebe jetzt jedem von euch einen Floh. Ihr müsst gut auf ihn aufpassen. Haltet beide Hände gut verschlossen, dass er nicht wegspringen kann.

→ *Die „Flöhe“ werden verteilt. Alle Kinder haben ihre Hände so verschlossen, dass sie den Floh nicht erdrücken, dass er aber auch nicht wegspringen kann. Der letzte Floh im Kästchen ist Kasimir. Man kann, um den Kindern die Angst vor dem Spielen zu nehmen, so tun als ob Kasimir sich nicht herauswagen würde.*

Jetzt dürft ihr eurem Floh einen Namen geben. Mein Floh heißt Kasimir.

Eure Flöhe kennen euch noch gar nicht. Sicherlich haben sie ein wenig Angst vor euch. Sagt ihnen euren Namen und sagt ihnen, dass sie keine Angst zu haben brauchen.
Jetzt könnt ihr langsam eure Hände etwas öffnen und vorsichtig gucken, ob eure Flöhe darin sitzen bleiben ... Oh, nein! Sie sind auf eure Köpfe gesprungen! Oh, was juckt der Kopf!
→ *Alle kratzen sich am Kopf.*
Er wandert hinter die Ohren ... oh, was juckt das!
In den Nacken ...
Auf den Rücken ... immer weiter runter ...
Auf den Po ...
An den Beinen entlang ...
Bis auf die Füße ...

Jetzt sitzen sie auf euren großen Zehen. Haltet ihnen die Hand hin und ladet sie ein, darauf zu springen.
Hat das geklappt? Super.
Flöhe können ganz besonders gut springen. Und weil sie das so gut können, können wir eine Zirkusnummer mit ihnen einstudieren.
Lasst euren Floh auf der Spitze eures Zeigefingers sitzen. Wir üben jetzt den „einfachen Salto“. Ich mache das erstmal vor.
Kasimir, der einfache Salto. Und hopp.
→ *Mit den Augen und dem Kopf folgt man dem Floh, wie er einen Salto in der Luft macht und auf dem anderen Zeigefinger landet.*
Bravo, Kasimir! Gut gemacht. Jetzt seid ihr dran. Und hopp!
→ *Kinder machen dieselbe Bewegung, folgen mit den Augen dem Floh.*
Hat es geklappt? Klasse!
Was meint ihr, schaffen unsere Flöhe auch einen doppelten Salto?
Wie sieht es aus mit einem dreifachen Salto?
...

Ich sehe, Kasimir wird müde. Ich glaube, er braucht eine Pause. Er möchte wieder in sein Flohkästchen. Wie sieht es bei euren Flöhen aus? Oh, ich höre sie gähnen, ich glaube, sie sind schrecklich müde. Sie können sich in dem Kästchen ein wenig ausruhen.

→ *Alle Flöhe werden behutsam wieder in das Kästchen gesetzt. Spielchen wie ein Salto ins Kästchen oder ein Floh, der wegspringt, peppen das Ganze noch ein wenig auf.*

Variation: Einen Bindfaden zwischen die Finger spannen und den Floh als Seiltänzer hin- und herlaufen lassen mit Saltos.

Anschließend bastelt jedes Kind sein eigenes Flohkästchen.

Pipapayapiraten

Inhalt: Die Glückspapaya der Pipapayapiraten ist verschwunden und muss gesucht werden. Gemeinsam machen sich die Piraten auf den Weg sie zu finden. Dabei wird der Schlachtruf gerufen und die Bewegungen werden mitgemacht.

Requisiten: evtl. eine Papaya

Methode: Am Anfang der Geschichte sitzen die Kinder im Kreis. Sie werden beim Schlachtruf und bei den Bewegungen einbezogen. Im zweiten Teil, wenn die Piraten auf die Insel kommen, stehen die Kinder und machen die Bewegungen im Stehen; erst langsam und am Ende der Geschichte schnell.

Die Pipapayapiraten lebten vor langer Zeit in der Südsee. Sie waren sehr gefährlich und bedrohten friedliche Schiffe mit ihrem großen Piratenschiff.

Der Ruf der Papayapiraten geht so:

Ich sage: „Pi-pa"- Und ihr ruft: „paya!" Und beim dritten Mal rufen alle „Hey".

→ *Man kann bei „Paya" und „Hey" die Faust heben.*

Was für ein komischer Name, werdet ihr denken. Wisst ihr, was eine Papaya ist? Das ist eine Frucht aus dem Süden. Sie ist länglich und rund. Wenn man sie in der Mitte durchschneidet, sieht sie ein wenig aus, wie ein Schiff. In der Mitte sind viele kleine Kerne.

→ *Ist eine Papaya vorhanden, können die Kinder sie betrachten, befühlen und daran riechen, bevor sie aufgeschnitten auf einem Teller in die Erzählmitte gelegt wird.*

→ *Wenn man die Kerne entfernt und mit einem Löffel das Fruchtfleisch isst, kann man die Schale aufbewahren und damit Piratenschiff spielen.*
Auch wenn sie es nicht zugeben würden, liebten die Piraten ihre Frauen und Kinder über alles. Und so brachten sie ihren Kindern immer viele Papayaschiffchen mit.
Die Piraten fanden die Papayafrüchte superlecker und haben Papayas zu ihrem Leibgericht gemacht. Sie hatten auf der Papayainsel ein Papayafeld, auf dem viele Papayabäume standen. Aber wenn sie auf Seefahrt waren, hatten sie immer eine besondere Glückspapaya bei sich und eine Kombüse *(so heißen die Küchen auf dem Schiff)* voller Papayas. Die Glückspapaya hing zusammen mit der Piratenfahne am Mast.

Eines Tages auf hoher See geschah jedoch etwas Schreckliches. Alles fing an wie jeden Morgen:
Morgens um sechs Uhr weckte Kapitän Einauge seine Mannschaft in ihren Kajüten (so heißen die Schlafzimmer auf dem Schiff) mit einem leisen: Pipa – paya ...

→ Der Vorleser und die Kinder flüstern den Ruf.

Der Piratenschiffskoch stand als Erster auf und ging in die Kombüse. Er sah zum Himmel auf und was sah er dort? NICHTS! Dort, wo die Glückspapaya in einem Netz hängen sollte, hing nur noch das leere Netz!

„Pipa – paya!“, rief er aufgeregt. Kapitän Einauge kam angelaufen. Als er sah, dass die Glückspapaya weg war, wurde er abwechselnd rot und blass. Er war so wütend und so erschrocken, dass er zuerst nicht wusste, was er sagen sollte. Dann rief er wütend: „Pipa!“, – und alle Piraten antworteten: „Paya!“ Noch einmal „Pipa!“ – „Paya!“. Dann erschrocken und traurig: „Pipa – paya – hey“.

Sie trafen sich alle zum Palaver, so nennt man es, wenn die Piraten gemeinsam beraten.

„Wir beginnen, wie immer mit unserem Piratenruf. Pipa –...“

„Männer, unsere Glückspapaya ist verschwunden. Ohne sie werden wir kein Glück mehr haben. Stürme werden unsere Segel zerreißen, andere Piraten werden unser Schiff kapern, also erobern. Wir brauchen die Glückspapaya! Hat jemand von euch eine Idee? Hat jemand etwas gesehen oder gehört? Wer hatte Nachtwache? Piet, du hattest Nachtwache. Hast du etwas bemerkt?“, fragte Einauge.

Piet fing an zu stottern. „Kä-, Kä- Käpt’n, ich muss wohl eingeschlafen sein. Äh, aber ich hab kurz vor Sonnenaufgang ein Geräusch gehört. Ein lautes Krächzen, wie von einem großen Vogel. Äh, und jetzt fällt es mir wieder ein, Käpt’n. Ich wurde wach und sah, wie der Vogel wegflog. Ich wunderte mich noch, was für einen großen Fisch er im Schnabel hatte.“

„Fisch? Das war unsere Glückspapaya!“, rief Einauge wütend.

Jockel meldete sich zu Wort: „Ähem, wenn ich die Beschreibung von Piet so höre, dann kann es sich nur um eine Riesenmöwe handeln und die leben nur auf einer Insel, ein paar Seemeilen entfernt. Dort müssen wir hin, und wir werden die Papaya wiederfinden. Allerdings ist es dort gefährlich, denn es gibt starke Strömungen und Stürme. Auf der Insel ragen viele steile Felsen in die Höhe und gefährliche Tiere bevölkern die Insel. Man muss tapfer und stark sein, wenn man dort hin will.“

„Okay, Männer, ihr seid stark und tapfer. Wir werden dorthin segeln und unseren Glücksbringer zurückholen! Pipa – Paya ..."

„Alle Mann auf eure Posten. Hisst die Segel!"
→ *Die Kinder ziehen an „Seilen".*
Dabei rufen sie: „Pipa ..."
Oh, da kommen ein paar hohe Wellen auf uns zu! Direkt von vorne!
→ *Die Kinder schaukeln von vorn nach hinten.*

Was ist denn das? Ein Sturm zieht auf!
„Alle Mann, holt die Segel ein!", ruft Einauge.
→ *Die Kinder ziehen wieder an den Seilen.*
„Pipa ..."

„Alle Mann an die Ruder! Wir müssen rudern!", ruft der Kapitän.
→ *Alle Kinder rudern.*
„Pipa ..."

Da kommen Wellen! Von Steuerbord, das ist rechts bei den Piraten!
→ *Die Kinder schaukeln, als käme eine Welle von rechts.*
Und noch eine!

„Land in Sicht!", ruft Piet vom Ausguck und zeigt nach Vorne.

„Los, Männer, strengt euch ein bisschen an, wir haben es fast geschafft", ruft Einauge.

„Käpt'n!", ruft Jockel aufgeregt. „Eine Strömung! Wir werden nach steuerbord getrieben!"

„Alle Mann an die rechten Ruder. Wir müssen gegenhalten", befiehlt Einauge.
→ *Die Kinder rudern rechts „Pipa ..."*

„Wir haben es geschafft! Leute, das war klasse! Der Sturm ist vorbeigezogen und die Strömung überwunden. Hisst die Segel wieder!"

→ *An den Seilen ziehen.*

„Pipa ..."

Nach einiger Zeit waren sie nahe genug an die Insel herangesegelt, um in kleinen Ruderbooten an Land rudern zu können.

→ *Die Kinder stehen im Kreis.*

An Land mussten sie zunächst über einen hohen Felsen klettern. Der Käpt'n war so schlau, einen Enterhaken mitzunehmen, an dem sich die Piraten hochhangeln konnten.

→ *Die Kinder klettern den Felsen hoch.*

Vom Felsen aus hatten sie Aussicht über die ganze Insel. Sie sahen einen Fluss, an dessen Ufer Krokodile schliefen, einen Sumpf und eine Höhle. Von der Höhle aus flogen riesige Möwen in die Luft. Dort in der Höhle musste die Glückspapaya liegen.

„Ihr seht Männer, es wird nicht einfach sein, aber wir schaffen das. Pipa ..."

Sie kletterten an der anderen Seite vom Felsen hinab und kamen am Rande des Flusses an. Hier mussten sie hindurch waten.

→ *Die Kinder machen entsprechende Bewegungen.*

Der Fluss war ganz schön stark und riss sie beinahe mit. Sie hielten einander gut fest, sonst wäre der ein oder andere Pirat von der Strömung erfasst worden. Am Rande des Flusses lagen Krokodile und schliefen. Die Piraten schlichen auf Zehenspitzen an ihnen vorbei.

→ *Die Kinder laufen auf Zehenspitzen.*

Beim Sumpf angekommen, hielten sie einander wieder gut fest. Sie versanken bei jedem Schritt bis zu den Waden im Sumpf. Langsam und Schritt für Schritt ging es voran.

→ *Die Kinder waten durch den Sumpf und machen schmatzende Geräusche dazu.* „Pipa ..."

Dann standen sie vor der Höhle. Kapitän Einauge ging voraus und flüsterte: „Pipa ..."

Im Innern der Höhle sah er eine Riesenmöwe in einem Nest sitzen. Aber die Papaya entdeckte er nicht. Enttäuscht wollte er sich umdrehen, als die Riesenmöwe ihn bemerkte und aufstand. Und was sah Einauge unter der Möwe im Nest liegen? Die Glückspapaya. Er versteckte sich und gab den anderen ein Zeichen, still zu sein und nach draußen zu gehen.

„Männer, wir haben die Papaya gefunden. Die Riesenmöwe sitzt auf ihr und glaubt, es sei ein Ei. Was machen wir jetzt? Wenn wir sie wegnehmen, wird sie sauer und das wollen wir vermeiden. Die ist so stark, dass sie uns die Köpfe blutig picken kann."

Jockel rief: „Ich hab eine Idee. Dort hinten gibt es Kokosnüsse. Wir tauschen die Papaya gegen eine Kokosnuss! Wir werden die Möwe erst von ihrem Nest locken und dann die Früchte vertauschen."

„So wird's gemacht", befahl der Kapitän.

Piet holte die Kokosnuss und gemeinsam gingen sie zur Höhle. Sie schlichen sich hinein und hielten sich um das Nest herum versteckt. Auf ein Zeichen von Kapitän Einauge, schrien sie von allen Seiten: „Pipa – paya ..."

Die Riesenmöwe erschrak und sprang auf, um einen der Eindringlinge zu schnappen, aber da kam schon der nächste und der nächste. Sie wusste nicht, bei wem sie anfangen sollte und entfernte sich vom Nest. Piet holte rasch die Papaya aus dem Nest und legte die Kokosnuss hinein. Dann gab er den anderen ein Zeichen und rannte nach draußen. Die Piraten folgten.

Die Möwe kehrte zu ihrem Nest zurück und setzte sich wieder, um zu brüten. Doch sie bemerkte, dass die Piraten ihr „Ei" gestohlen hatten, deshalb erhob sie sich und flog laut krächzend hinter ihnen her. Als die Piraten das bemerkten, fingen sie an zu rennen!

Schnell stapften sie wieder durch den Sumpf,
schlichen in Windeseile an den Krokodilen vorbei,
wateten hastig durch den Fluss und

kletterten den Fels hoch und wieder hinunter,
ruderten wie die Wilden zum Piratenschiff und kamen völlig außer Atem dort an, setzten die Segel und ruderten zugleich.
Die Riesenmöwe war ihnen dicht auf den Fersen. Die Piraten ruderten deshalb noch schneller!
Als die Möwe fast so nahe war, dass sie mit ihrem Schnabel das Segel aufschlitzen konnte, kam ein heftiger Sturm. Der blies die Möwe so kräftig zur Seite, dass sie sich dreimal überschlug. Verwirrt kehrte sie zurück zu ihrer Insel.
Die Pipapayapiraten waren gerettet. Sie freuten sich und riefen: „Pipa – Paya!"

Die Papaya hatte ihnen Glück gebracht. Piet kletterte in den Mast und hing die Papaya wieder in ihr Netz.
Der Koch bereitete ein Festmahl zu Ehren der Glückspapaya zu und spendierte ein Fass Papayarum. Es wurde ein schöner Abend und bei jedem Glas Papayarum wurde geprostet mit: „Pipa-paya".

Am Ende waren alle Bäuche voll und die Teller und das Fass leer. Die Piraten legten sich in ihre Kajüten und Kapitän Einauge sang leise: „Pipa – paya".

Der Kitzel

Inhalt: Eine Lachgeschichte über das Lachen

Requisiten: keine

Methode: Die Kinder werden animiert, das Lachen der verschiedenen Menschen nachzumachen. Ein Mann lacht anders als eine Frau und eine Dame lacht anders als ein Betrunkener. Auch die Bewegungen (boxen, Kaffeetasse festhalten ...) werden mitgemacht.

Ein frecher kleiner Kitzel schwirrte durch die Lüfte. „Huuuui! Huuui!“, rief er und ließ sich durch den Wind hin und her treiben. „Du bist ein gutes Kerlchen“, sagte seine Mutter ihm immer, „denn du bringst die Leute zum Lachen.“ Und er erwiderte dann immer „Und Lachen ist gesund!“

In der Nähe des Kindergartens „Die Blumenwiese“ ließ der Kitzel sich auf den Rasen fallen. Er schlich sich durch ein offenes Fenster in den Gruppenraum und kroch ganz dreist der Erzieherin Ingrid ins Hosenbein und kitzelte sie. Ingrid wollte gerade ein Märchen vorlesen.
„Ehehehes wahahahar eihihihinmahahahl“, begann sie und musste dann vor Lachen aufhören.
„Hihihihi“, kicherte sie und zappelte wild mit den Beinen. Sie hielt sich erst noch die Hand vor den Mund, aber dann wurde aus dem Kichern ein lautes Lachen. Sie lachte aus voller Kehle. „Hahahaahaaa!“

Der Kitzel schlich sich aus dem Hosenbein und kroch dem kleinen Peter in den Kragen. Und auch Peter fing an zu kichern und prustete dann vor Lachen, bis er einen Schluckauf bekam: „Hihihi, heehehe, hick."
Nachdem der Kitzel den ganzen Kindergarten zum Lachen gebracht hatte, schlich er wieder zum Fenster hinaus und ließ sich vom Wind zur Kirche tragen.

Dort übte der Männergesangverein für den nächsten Gottesdienst. Der Kitzel sah die ernsten Gesichter und dachte sich: „Hier brauchen sie mich. Die gucken alle so ernst."
Er kroch erst dem Dirigenten ins linke Hosenbein. Der Dirigent versuchte ernst zu bleiben, aber seine Mundwinkel zogen sich immer mehr nach oben. Leise begann er erst zu kichern und noch bevor er richtig anfing zu prusten, sauste der Kitzel allen Männern über den Nacken und der ganze Chor lachte mit tiefen Bassstimmen: „Hohooohohoohoo".

Der Kitzel verschwand wieder durch die Tür, wo der Pfarrer erstaunt den Kopf schüttelte über den lachenden Männerchor. So etwas hatte er noch nie erlebt.

Auf dem Markt schwatzte eine Marktfrau mit ein paar Kundinnen über das schlechte Wetter und wie mager die Erdbeerernte dieses Jahr ausfiel. „Hier brauchen sie mich!", dachte sich der Kitzel. Auf einmal fing die Marktfrau an zu gickern. Dann lachte sie so kräftig, dass ihr die Tränen kamen. Die anderen Frauen wurden auch angesteckt und fingen herzlich an zu lachen: „Hihihii. Hahahahaaa."

Vor lauter Lachen sahen sie nicht, wie der kleine freche Kitzel wieder verschwand.

Er verschwand im Sportzentrum, wo grad der Boxer Bodo gegen einen Sandsack boxte. Der Kitzel dachte sich: „Der guckt aber böse, den muss ich aufheitern!"
Plötzlich entfuhr Bodo ein lautes „Ha!", als er gegen den Sack boxte. Er boxte noch einmal: „Ho!", und schneller „Ha-ha-ha", und noch schneller „Hohohaha".
→ *Die Kinder boxen und machen dabei Hahaha usw.*

Zufrieden suchte sich der Kitzel eine neue Aufgabe. In einer Villa saßen drei Damen mit Hochsteckfrisuren und rot bemalten Lippen kerzengrade auf unbequemen Sofas. Sie tranken mit abgespreizten kleinen Fingern Kaffee. „Ach, was sehen die unglücklich aus! So vornehm und steif, die Armen!“
Und der Kitzel kroch der Ersten unter den Rock. Diese versuchte, das Kichern zu unterdrücken, aber ihre Hand zitterte so stark, dass die Tasse auf der Untertasse tanzte und der Kaffee überschwappte. Die Dame kicherte vornehm: „Hihihiii“. Die anderen Damen guckten zuerst etwas verdutzt und fingen dann selber an zu gickern. „Hihihi!“ Vornehmes Kichern und das Klappern der Tassen auf den Untertassen erklang aus dem Wohnzimmer der Villa.

In der Wirtschaft standen ein paar Trunkenbolde an der Theke. Sie starrten auf ihre vollen, halbvollen oder leeren Biergläser und seufzten ab und zu vor Langeweile. „Hier werd ich gebraucht“, dachte das Kitzelkerlchen und kitzelte einen nach dem anderen.
„Ho“, machte der Erste, „Hohoho“, der Zweite, „Hohohohooo“, der Dritte und schlug sich vor Lachen auf die Oberschenkel. Sie alle brüllten schließlich vor Lachen. „Hohohooo, hohohohoo.“

Jetzt wurde der Kitzel müde. Er ließ sich von einer Windböe in den Himmel wehen und suchte sich eine weiche Wolke. Während man sich unter ihm in der Stadt darüber wunderte, dass die Menschen heute so freundlich und fröhlich waren, fiel der Kitzel in einen sanften Schlaf. Im Traum begegnete er seiner Mutter, die ihm sagte: „Du bist ein gutes Kerlchen, denn du bringst die Leute zum Lachen.“ Und er murmelte leise: „Und Lachen ist gesund.“

Wer weiß, über welcher Stadt er morgen wach wird. Vielleicht über unserer Stadt?
Was würde er bei uns erleben?

Der hochnäsige Kai

Inhalt: Kai läuft erst hochnäsig, dann gebeugt umher. Alter Anton erfährt warum und hilft ihm.

Requisiten: keine

Methode: Ein paar Kinder laufen wie Kai erst mit erhobener Nase umher, im zweiten Teil mit gesenktem Kopf. Man kann gemeinsam überlegen, wie das auf andere wirkt.
Wie fühlt es sich an, so zu laufen? Und was denke ich, wenn andere so laufen?
Ein Spaziergang durch einen Blumengarten kann als Abschluss dienen.

Alle Leute wunderten sich. Kai war verändert. Früher war Kai so lieb. Er grüßte immer jeden freundlich und spielte mit den anderen Kindern. Aber seit einigen Tagen lief er immer mit erhobener Nase herum.

→ *Die Kinder laufen mit der Nase in der Luft herum.*

Er grüßte niemanden mehr und spielte nicht mehr.
Die Kinder dachten: „Der Kai mag uns nicht mehr. Er denkt, er sei etwas Besseres. Das finden wir blöd."
Die Erwachsenen dachten: „Kai ist hochnäsig und arrogant geworden. Das mögen wir nicht." Aber Kai bekam von diesen Gedanken nichts mit. Er lief weiter mit erhobener Nase durch die Stadt.

Der alte Anton sprach Kai eines Tages an: „Hey, Kai! Hör mir mal zu." Kai wäre beinahe weitergelaufen, denn er hatte den alten Anton nicht gesehen. Er stoppte und sah ihn an.

Anton sah ihm ins Gesicht und sagte: „Du, Kai, ich mag nicht, wie du herumläufst. Die Leute finden dich nicht mehr nett, weil du so hochnäsig bist. Alle meinen, du denkst, dass du etwas Besseres bist als wir. Das mögen die Leute nicht." Da erschrak Kai. „Aber lieber Anton, ich bin nicht hochnäsig. Ich bin auch sicherlich nicht besser als ihr. Ich will nur wissen, wie die Sonne riecht und deshalb versuche ich meine Nase so hoch wie möglich zu halten, so dass ich die Sonne riechen kann, wenn der Wind günstig steht."

„Ach, mein liebes Kind", lachte der alte Anton und legte einen Arm um Kais Schulter. „Die Sonne kann man auf diese Art und Weise nicht riechen. Sie ist viel zu weit weg. Was du aber wohl riechen kannst, ist das, was sie alles bewirkt, was sie macht und wem sie hilft." Kai guckte den Alten verdattert an. Er verstand es noch nicht.
„Sieh dir mal die Blumen an", fuhr Anton fort. Sie können nicht leben, ohne die Sonne. Wenn du die Blumen riechst, kannst du erahnen, wie die Sonne riecht."
„Ah, jetzt verstehe ich dich", antwortete Kai.

In den nächsten Tagen wunderten die Menschen der Stadt sich wieder. Kai war doch so ein hochnäsiger Junge gewesen und jetzt lief er mit hängendem Kopf umher! Als ob er traurig wäre. Was ist passiert?
→ *Die Kinder laufen mit hängendem Kopf umher.*

Der alte Anton ging wieder zu ihm. „Kai, was ist denn jetzt los? Warum bist du so traurig? Die Leute machen sich Sorgen um dich. Sie sagen, du seiest niedergeschlagen."
Kai antwortete: „Ich probiere die Blumen zu riechen, aber ich wollte es unauffällig machen. Sonst finden die Leute mich komisch."
„Ach, mein liebes Kind, komm mit in den botanischen Garten. Dort werden wir alle Blumen riechen", sagte Anton und nahm den Jungen mit.

Im Botanischen Garten schnupperten sie an jeder Blume. An den Hortensien, den Rosen, den Nelken, dem Flieder, dem Lavendel und den Lilien.

Am Ende wusste Kai, wie die Sonne riecht. Sie riecht lieblich, frisch, süß, wie ein bunter Blumenstrauß.
Auf einer Wiese pflückte er einen großen Blumenstrauß mit Wiesenblümchen.
Auf dem Weg durch die Stadt schenkte er allen Leuten ein Blümchen und sagte jedem: „Dies ist ein Gruß von der Sonne."
Alle Leute waren froh, dass Kai wieder normal war und bewahrten die Blume auf, um sich daran zu erinnern: Nicht immer zeigt die äußere Haltung, wie sich ein Mensch fühlt. Erst, wenn wir wirklich miteinander sprechen, können wir es herausfinden.

Zum Musikmachen und Mittanzen

Der bunte Schmetterling

Inhalt: Auf einer Blumenwiese suchen Schmetterlinge ihre farblich passenden Blumen. Der bunte Schmetterling kann sich nicht entscheiden. Als ein Mädchen einen bunten Blumenstrauß pflückt, der genauso bunt ist wie der Schmetterling selbst, ist er froh.

Requisiten: rote, blaue, gelbe, lila, rosa, weiße und orange Tücher, die im Raum verteilt werden

Methode: Im Raum werden verschiedene farbige Tücher auf dem Boden verteilt. Dies sind die bunten Blumen. Die Kinder bekommen vorab eine Farbe zugewiesen. Während der Geschichte „flattern" die Kinder umher und setzen sich schließlich auf die Blume, die zu ihnen passt (Rot auf Rot ...). Im zweiten Teil spielen alle Kinder den bunten Schmetterling und fliegen von Blume zu Blume. Der Erzähler oder ein Kind spielt das Mädchen, das die Blumen pflückt und alle Tücher in der Mitte des Raumes sammelt. Dies ist der Blumenstrauß. Nach den Geschichten können die Kinder einen bunten Schmetterling (aus)malen.

Auf einer bunten Blumenwiese standen viele wunderschöne Blumen. Manche Blumen waren rot, andere blau, wieder andere gelb, orange, lila, rosa oder weiß. Um diese bunten Blumen schwirrten wunderschöne Schmetterlinge. Auch sie leuchteten in verschiedenen Farben. Der eine Schmetterling war rot, der andere blau, wieder einer orange, gelb, lila, rosa oder weiß.

→ *Die Kinder „schwirren" und „fliegen" umher.*

Alle Schmetterlinge fanden ihre eigene Farbe natürlich am schönsten und so flogen die roten Schmetterlinge am liebsten auf die roten Blumen, die blauen auf die blauen Blüten, die gelben auf die gelben, die lilafarbigen auf die lilafarbigen, die orangefarbigen auf die orangefarbigen, die weißen auf die weißen und die rosanen auf die rosanen Blüten.

→ *Die Kinder suchen ihre Blüten / Tücher und setzen sich darauf.*

Aber ein Schmetterling auf der Blumenwiese war anders. Er war nicht rot und nicht blau, nicht lila und nicht gelb, nicht rosa und nicht weiß, nicht orange, nicht braun und nicht schwarz. Was denkt ihr? Wie sah er aus?

→ *Die Kinder machen Vorschläge.*

Dieser Schmetterling hatte alle Farben! Es war ein kunterbunter Schmetterling! Er wurde von allen „Bunter Gunther" genannt. Weil er alle Farben auf seinen Flügeln hatte konnte er sich nicht entscheiden, auf welche Blüte er sich setzen wollte.

→ *Die Kinder fliegen wieder umher.*

Er flog zur roten Blume, aber fand die blaue Blume auch schön und flog dorthin. Von der blauen Blume flog er zur lilafarbigen, von dort zur gelben und dann weiter zur orangenen, dann zur rosanen und zur weißen. Nirgends war er zufrieden. Er wurde müde vom vielen Fliegen und traurig, weil er sich nicht entscheiden konnte.

Da kam aus dem Dorf ein Mädchen auf die Wiese gelaufen. Sie pflückte einen wunderschönen, bunten Blumenstrauß mit allen Farben. Welche Farben waren in dem bunten Blumenstrauß?

→ *Die Kinder nennen die Farben und ein Kind oder der Erzähler sammelt alle Tücher ein und legt sie in die Mitte.*

Der bunte Schmetterling setzte sich in die Mitte dieses schönen Blumenstraußes und war glücklich. Leise sang er:

→ *Melodie von „Grün, grün, grün sind alle meine Farben“*

Bunt bunt bunt sind alle meine Farben.
Bunt bunt bunt ist alles, was ich hab.
Darum lieb ich, alles was so bunt ist,
weil in mein' Flügeln alle Farben sind.

Blättertanz im Herbst

Inhalt: Die Kinder spielen tanzende fallende Herbstblätter. Am Ende decken die Kinder einen Igel zu, um ihn vor der Kälte zu schützen.

Requisiten: herbstfarbene Tücher (rot, gelb, orange, braun), Bauklötze oder Kissen, Herbstblätter oder Blätter aus dünnem Papier, evtl. Musik

Methode: Zuvor kann bei Spaziergängen geschaut werden, wie Herbstblätter aussehen und wie sie von den Bäumen fallen. In der Geschichte beobachten die Kinder erst, wie schwere Dinge fallen und vergleichen dies mit dem Fallen der Blätter im Herbst. Das Fallen wird nachgespielt, indem die Kinder hin- und herlaufen. Die eine Seite des Raumes ist „oben" oder die Baumkrone, die andere Seite ist „unten" oder der Boden. Man kann den Umriss des Baumes mit Malerkreppband auf dem Fußboden andeuten. Die Kastanien und Äpfel fallen schnell und gerade herunter. Die Blätter fliegen hin und her, drehen sich, werden vom Wind mitgenommen. Es ähnelt einem Tanz. Man kann auch anstelle des Kommandos passende Musik spielen. Wenn die Kinder „unten" angekommen sind, geht die Geschichte weiter. Sie bekommen erst Tücher, mit denen sie in der nächsten Runde den Igel zudecken.

Es heißt, „Im Herbst fallen die Blätter von den Bäumen“. Aber ich bin damit nicht einverstanden. Nicht, dass die Blätter an den Bäumen bleiben sollen, nein. Aber habt ihr schon einmal einen Stein, ein Bauklötzchen oder ein Kissen fallen gelassen? Und danach ein Blatt? Ihr könnt es einmal ausprobieren. Mit einem Blatt Papier an Stelle eines echten Blattes geht es auch.
Seht ihr den Unterschied? Das Fallen des Blattes ist doch ganz anders als das Fallen der anderen Sachen!

Wir tun jetzt so, als ob die eine Seite dieses Raumes oben ist, also die Baumkrone und die andere Seite unten, also die Wiese oder der Boden. Jetzt fallen zuerst die Steine aus der Baumkrone. Ach, das geht ja gar nicht. Hmm, was fällt denn im Herbst von den Bäumen? – Ja, genau! Die Kastanien, die Äpfel und Pflaumen. Könnt ihr euch vorstellen wie die fallen? Genauso wie die Steine sausen sie ganz schnell auf den Boden.
Stellt euch jetzt alle in die Baumkrone
→ *auf die eine Seite*
und bei drei saust ihr geradeaus, schnell nach unten auf den Boden.
→ *die andere Seite*
Eins, zwei, drei!
→ *Die Kinder laufen geradewegs zur anderen Seite.*

Kommt jetzt wieder nach oben. Nun seid ihr die Blätter, die zu Boden tanzen, so wie wir es eben gesehen haben, also hin und her und umeinander schweben.
Eins, zwei, drei!
→ *Die Kinder tänzeln nach unten.*

Jetzt kommt der Wind und wirbelt euch durcheinander, zur Seite und wieder nach oben. Aber passt auf, ihr tanzt noch immer und dreht euch.

Eins, zwei, drei!

Hui! Jetzt kommt der Wind! Er weht euch durcheinander und ihr dreht euch weiter! Langsam kommt ihr auf den Boden und legt euch dort hin.

Welche Farben haben die Blätter im Herbst? Sie sind gelb, orange, ocker, rot, braun und ein bisschen grün. Wenn wir alle Tücher mit den Farben festhalten beim Tänzeln, sieht es aus wie im Herbst.

→ *Die letzten zwei Übungen wiederholen mit Tüchern. Wenn alle Kinder liegen, geht es weiter.*

Im Winter haben die Blätter eine wichtige Aufgabe. Die Blättern schützen zum Beispiel die Igel, wenn sie den ganzen Winter hindurch unter den Blättern schlafen. Ein Kind darf nun den Igel spielen.
→ *Das Igelkind legt sich auf den „Boden".*

Ihr anderen seid wieder die fallenden Blätter und tänzelt noch einmal. Wenn ihr auf der anderen Seite angekommen seid, legt ihr eure Tücher über den Igel.
Eins, zwei, drei!
→ *Dies kann mit wechselnden Igelkindern wiederholt werden. Lied zum Schluss.*

Rot und gelb, orange und braun,
alle Blätter fall'n vom Baum.
Sie plumpsen nicht, es ist ein Spiel,
ein Tanz, der dem Wind gut gefiel.
Er bläst und lässt sie hoch nun fliegen,
und am Boden bleiben sie liegen.
Darunter liegt ein Igel klein,
will geschützt im Winter sein.
Sie decken ihn zu mit sanfter Hand,
bis der Frühling kommt ins Land.

Rot und gelb, orange und braun

D G D A D
Rot und gelb, o - range und braun, al - le Blät - ter

A7 D A D7 A
fall'n vom Baum. Sie plump-sen nicht, es ist ein Spiel, ein

D7 A D
Tanz, der dem Wind gut ge - fiel. Er bläst und lässt sie

G D A A7 D
hoch nun flie - gen, und am Bo - den blei-ben sie lie - gen. Da -

A D7 A
run - ter liegt ein I - gel klein, will ge-schützt im

D7 A D
Win - ter sein. Sie de - cken ihn zu mit

G D A D A7 D
sanf - ter Hand, bis der Früh - ling kommt ins Land.

Der Schneeflöckchentanz

Inhalt: Die Kinder formen Eiskristalle.

Requisiten: Melodische Musik

Methode: Der erste Teil ist die Tanzanleitung. Zunächst wird geübt.

Jedes Jahr im Winter, wenn es kalt wird und der Wind richtig steht, fallen sie wieder. Erst ein paar und dann mehr und mehr und noch mehr. Erst sind sie noch klein und dann werden sie größer und größer, bis es keine Schneeflöckchen, sondern richtige Schneeflocken sind.
Wenn wir dann die Scheiben von Häusern und Autos genau betrachten, sehen wir ein paar dieser Schneeflocken zu Eiskristallen geformt aneinander kleben. Kein Eiskristall gleicht dem anderen.
Wollt ihr Schneeflocken und Eiskristall sein?
Erst wirbelt ihr herum zu der Musik.
Ich sage einem von euch, dass er oder sie das erste Schneeflöckchen ist.
„Du bist das erste Schneeflöckchen."

→ *Eines der Kinder wird ausgewählt.*

Du nimmst jetzt eine Haltung an: Zum Beispiel einen Arm lang gestreckt nach vorne und den anderen hälst du nach hinten. Jetzt stellen sich die anderen von euch so zu der ersten Schneeflocke, dass ihr einen Kreis formt und ihr alle nehmt dieselbe Haltung an. Dann seid ihr ein großes Eiskristall.
Dies war zur Übung. Jetzt darf *(Name)* sich eine Haltung ausdenken. Wir fangen an zu tanzen und ich mache die Musik an.

→ *Alle tanzen zur Musik. Die Musik stoppt und (Name) stellt sich in einer Haltung hin. Die anderen Kinder machen die Haltung nach und stellen sich dazu.*

Wir sind ein schöner Eiskristall!

→ *Ein anders Kind wird angewiesen, alle tanzen zur Musik, die Musik stoppt und die Kinder stellen sich im Kreis auf. Dies kann beliebig oft wiederholt werden.*

Variante: Zwei Kinder werden angewiesen, je eine eigene Haltung einzunehmen. Die eine Hälfte bildet das eine, die andere Hälfte das andere Eiskristall. Abhängig von der Anzahl können das auch mehr Gruppen sein.

Schluss: Alle Kristalle sind an der Fensterscheibe festgefroren. Aber jetzt kommt die Frühlingssonne und kommt mit ihren warmen Strahlen und wärmt die Eiskristalle. Oh, sie schmelzen *(ineinander sacken)* und schmelzen, bis nur noch ein paar Tropfen übrig bleiben.

→ *Alle Kinder liegen auf dem Boden.*

Piep, piep, piep

Inhalt: Eine Schwalbe ist einsam und fragt eine andere Schwalbe, ob sie zusammen fliegen wollen.

Requisiten: keine

Methode: Die Kinder stehen im Kreis. Ein Kind ist die Schwalbe Klara. Beim Lied singen alle mit. Jedesmal wird ein anderes Kind eingeladen, bis alle Kinder gemeinsam fliegen.

Klara, die Schwalbe, sitzt unterm Kirchdach und ist traurig. Sie ist so einsam. Immer fliegt sie alleine um den Kirchturm und über die Felder. Das ist langweilig. Auch die anderen Schwalben fliegen alleine umher. „Ach, wie schön wäre es, wenn ich einen Freund oder eine liebe Freundin hätte. Dann könnten wir gemeinsam fliegen und ich wäre nicht mehr so alleine“, denkt sie. Ihre Mutter sieht die traurige Klara und hört sich ihr Problem an. „Wenn du jemanden fragst, ob er mit dir fliegen möchte, werdet ihr sicher Freunde“, gibt sie ihrer Tochter als Rat. Klara findet das zwar ganz schön schwierig, aber dann fliegt sie zu einer anderen Schwalbe und singt:

→ *Ein Kind stellt sich vor ein anderes und singt ggf. zusammen mit den anderen Kindern.*

Piep, piep, piep, ich hab dich lieb, lieb, lieb.
Komm flieg ein Stück, Stück, Stück
mit mir ins Glück, Glück, Glück.

→ *Sie fliegen gemeinsam hin und her.*

Wir fliegen über Felder, über Seen,
weil wir uns gut verstehen.
Keiner will alleine sein,
drum laden wir noch Freunde ein.

→ *Sie stellen sich vor zwei andere Kinder.*

Piep, piep, piep …

→ *Dies wird so lange wiederholt, bis alle Kinder mitfliegen.*

Seit diesem Tag fliegen die Schwalben am liebsten in Schwärmen.

Piep, piep, piep

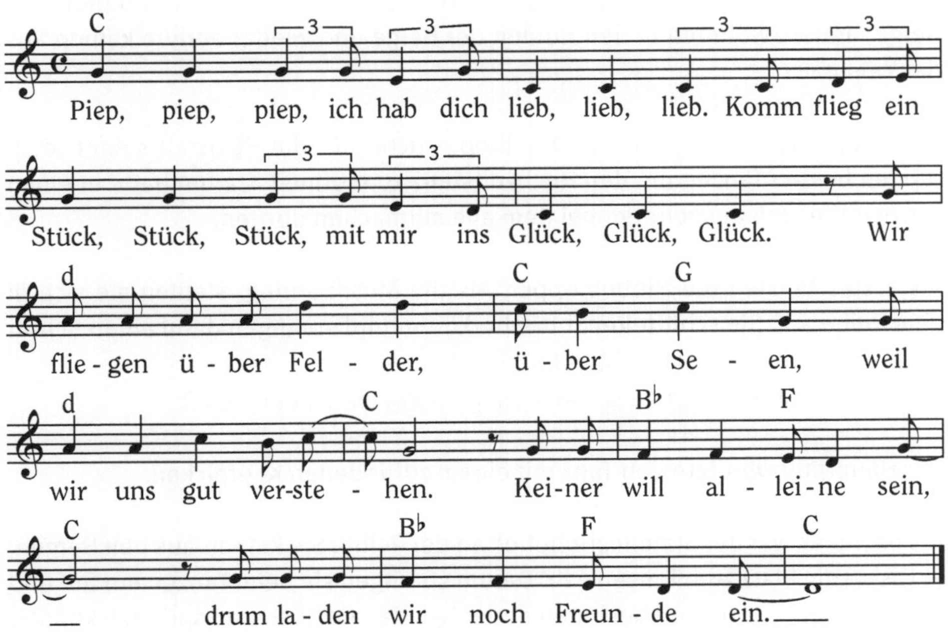

Dschungeltanz

Inhalt: Tänze verschiedener Stämme werden vorgestellt und am Ende tanzen alle gemeinsam.

Requisiten: rhythmische Musik

Methode: Die Kinder tanzen. Am Ende werden alle Tänze kombiniert.

Tief im Dschungel trafen sich die besten Tänzer aller Stämme aus der weiten Umgebung. Manche kamen von den hohen Gipfeln der Berge, andere wohnten in den Höhlen der Berge und wieder andere kamen aus der Wüste.

Der Häuptling des Stammes „Hibbelhop" suchte für die Hochzeit seiner Tochter den besten Tänzer, um den Hochzeitstanz zu eröffnen. Darum hatte er einen Tanzwettbewerb ausgerufen, bei dem alle mitmachen durften.

Als erstes tanzten die Hibbelhopper. Als die Musik anfing, stellten sie sich in eine Reihe auf. Sie schüttelten ihre Oberkörper und sprangen dann einen Schritt nach vorne. Hibbel – Hop. Hibbel – Hop.
→ *Die Kinder machen diese Bewegung im Rhythmus der Musik.*

Der Häuptling würdigte den Tanz mit einem zufriedenen Kopfnicken.

Als nächstes war der Stamm „Hohoho" an der Reihe. Sie kamen aus den Bergen, wo es wenig Platz zum Tanzen gab. Darum sprangen sie beim Tanzen nur auf und ab. Als bester Tänzer galt bei ihnen derjenige, der am höchsten springen konnte.

Sie stellten sich im Kreis auf und als die Musik anfing, sprang jeder Tänzer der Reihe nach einmal in die Mitte und zeigte, wie hoch er springen konnte: „Hoho – ho, hoho – ho, hoho – ho“

Auch dieser Tanz wurde vom Häuptling mit einem Kopfnicken gewürdigt und sogar mit einem Lächeln.

Danach wollten die „Wuiwuis“ ihre Tanzkünste zeigen. Sie wohnten in den Höhlen der Berge und hatten eine niedrige Decke. Beim Springen würden sie sich die Köpfe an der Höhlendecke stoßen. Daher tanzten sie gebückt und machten weite, ausladende Bewegungen mit ihren Armen und Beinen.
Als die Musik anfing, stellten sie sich in einem weiten Kreis auf: „Wui – wui, Wui – wui.“

Der Häuptling lächelte und nickte wieder.

Die „Heiheis“ stellten sich im Kreis auf. Sie kamen aus der Wüste, wo der Sand manchmal so heiß war, dass man sich die Füße verbrannte. Darum blieben sie nicht lange auf einem Bein stehen, sondern sprangen schnell von einem Bein auf das andere. Es sah ein wenig aus, als rannten sie auf der Stelle. „Heihei – heis, heihei – heis.“

Wieder lächelte der Häuptling und nickte freundlich.
Er war sehr erfreut über die verschiedenen Tänze. Ihm gefielen alle Tänze, jeder Tanz auf seine eigene Weise. Wie sollte er sich entscheiden?

Inzwischen spielte die Musik weiter und der Häuptling traute seinen Augen nicht, als er sah, dass die verschiedenen Stämme einander ihre Tänze beibrachten. „Das ist es!“, dachte er.

Er rief alle Tänzer zu sich. „Ihr habt alle toll getanzt. Ich habe mich sehr gefreut, euch zuzusehen. Ich sehe, dass ihr einander eure Tänze lehrt. Kommt in einer Stunde zurück und zeigt mir dann, was ihr gelernt habt.“
Die Tänzer zeigten einander, wie sie tanzen und übten fleißig. Nach einer Stunde stellten sie sich alle in einem großen Kreis auf.
Die Musik spielte und alle fingen an „Hibbel – hop, Hibbel – hop“ zu tanzen. Dann ging es springend weiter „Hoho – ho, hoho – ho“. Es folgte „Wui – wui – wui“ und als letztes „Hei – hei – heis“.
Der Häuptling war begeistert. Er stand auf und tanzte mit. Das hatte seine Tochter noch nie gesehen. Sie umarmte ihren Bräutigam und auch das Brautpaar tanzte mit.

Hibbel – hop, Hibbel – hop.
Hoho – ho, hoho – ho
Wui – wui – wui
Hei – hei – heis

Hibbel – hop, Hibbel – hop
Hoho – ho, hoho – ho
Wui – wui – wui
Hei – hei – heiß

Da die Stimmung so gut war, holte man den Priester, alle Verwandten, Freunde und Bekannten. Die Hochzeit wurde gleich gefeiert und alle tanzten noch die ganze Nacht hindurch.

Eine ganz besondere Sammlung

Inhalt:	Oma Brigitte sammelt Bewegungen. Omas Enkelin zeigt die Bewegungen ihren Freundinnen und bastelt daraus einen Tanz.
Requisiten:	Musik
Methode:	Mit Hilfe der Beispiele werden die Kinder animiert, Bewegungen zu erfinden. Jeder macht eine Bewegung vor, die von anderen nachgemacht wird. Sie werden noch einmal wiederholt und dann werden einige der Bewegungen zum Tanz umgewandelt. Dazu kann Musik gespielt werden.

Viele Menschen sammeln verschiedene Dinge, die sie sehr mögen. Manche sammeln Münzen, andere sammeln Steine. Es gibt Puppensammler und Briefmarkensammler, Gartenzwergsammler und Autosammler, Büchersammler und Postkartensammler.

Aber Oma Brigitte hatte eine ganz besondere Sammlung. Sie sammelte nicht wie andere irgendwelche Dinge. Sie sammelte Bewegungen und wenn sie genug Bewegungen gesammelt hatte, bastelte sie daraus einen Tanz.

Aber, werdet ihr denken, wie sammelt man denn Bewegungen? Gaaaanz einfach, würde Oma Brigitte sagen. Indem man sie nachmacht. Oma Brigitte machte alle Bewegungen nach, die sie besonders mochte, die sie schön oder witzig fand. Einmal zum Beispiel sah sie, wie ein Kind auf einer Bordsteinkante balancierte. Das machte Oma Brigitte nach, weil ihr das gut gefiel. Auch wenn sie keine Bordsteinkante hatte um zu balancieren, tat sie einfach als ob.

→ *Die Kinder tun, als ob sie auf einer Bordsteinkante balancieren.*

Ein anderes Mal sah Oma Brigitte, wie ein Kind einen Schmetterling fliegen ließ und dann hinter dem Schmetterling herlief. Auch wenn Oma keinen Schmetterling hatte, tat sie als ob. Einfach um die Bewegung zu sammeln.

Manchmal waren es auch ganz, ganz kleine Bewegungen, die Oma sammelte. Die waren besonders schwer zu finden. Sie freute sich dann auch sehr über das Naserümpfen von einem Herrn, der beinahe in einen Hundehaufen getreten wäre.

Was für Bewegungen könnt ihr euch ausdenken für Oma Brigitte? Sammelt sie.
→ *Jedes Kind macht eine Bewegung vor, die von den anderen wiederholt wird.*

Linda, die Enkelin von Oma Brigitte, kommt gerne mit Freundinnen bei Oma zu Besuch und dann zeigt sie den Freundinnen die Bewegungssammlung.
→ *Jedes Kind macht noch mal seine Bewegung vor.*

Die schönsten oder lustigsten Bewegungen leihen sie sich bei Oma Brigitte aus und basteln daraus einen Tanz.
→ *Gemeinsam suchen die Kinder ein paar Bewegungen aus und machen daraus eine Tanzsequenz, die mehrmals wiederholt werden kann.*

Der Vulkan Askja und das verborgene Volk

Inhalt: Riesen, Zwerge und Elfen ärgern sich über die Menschen und verhelfen einem Vulkan zum Ausbruch, um die Menschen zu mehr Rücksicht auf die Natur zu bewegen.

Requisiten: eventuell Musik für den Tanz

Methode: Zu Beginn spielen alle gemeinsam die Bewegungen der Wesen. Danach werden die Kinder je nach Größe der Gruppe in Riesen, Zwerge und Elfen eingeteilt. Wenn die Gruppe sehr klein ist, werden die Rollen nacheinander gespielt.

Ich möchte euch heute erzählen von seltsamen Wesen, die man früher auch hier kannte. Aber die Menschen glauben nicht mehr daran, dass es sie gibt. Jedoch in Island, einem Land weit im Norden, gibt es sie noch immer: Riesen, Zwerge und Elfen. Sie sind für die meisten Menschen unsichtbar. Darum nennt man sie „das verborgene Volk". Sie wohnen in Felsen, auf Bergen und in Höhlen.

→ *Die Kinder werden in Gruppen eingeteilt: Riesen, Zwerge und Elfen.*

Zwar haben Riesen, Zwerge und Elfen gemeinsam, dass sie für uns Menschen meistens unsichtbar sind, aber ansonsten sind sie doch sehr verschieden. Der Riese zum Beispiel ist, wie der Name schon sagt, riesig groß und dementsprechend rüpelhaft. Er stapft und stampft mit den Füßen auf den Boden, dass der Boden unter seinen Füßen bebt. Probiert es einmal aus, zu laufen wie ein Riese.

Die Zwerge sind natürlich winzig klein und machen Minischritte. Probiert das auch aus.
Elfen haben kleine Flügel, die ihnen helfen. Wenn sie laufen, sieht es aus, als ob sie schweben. Meist laufen sie nur auf Zehenspitzen und tänzeln zierlich durch die Gegend. Könnt ihr laufen wie die Elfen?

Die verborgenen Wesen sahen schon lange Zeit, wie die Menschen mit der Natur umgehen. Sie sahen, wie die Menschen Straßen bauten durch ihre Zwergenburgen hindurch. Aus manchen Fabriken kamen giftige Abgase und Abwasser und der Müll war zu einem stinkenden Berg geworden.

Jöten, dem Anführer der Riesen, wurde es eines Tages zu viel. Ihm stank es.

Er stapfte zur Zwergenburg.
⟶ *Riesen stapfen.*

Die Zwerge erschraken beim Anblick des Riesen und versteckten sich. „Hallo Zwerge!“, brüllte Jöten. „Ich tu euch nichts! Habt keine Angst!“
Da kamen die Zwerge langsam und vorsichtig aus ihren Verstecken. Jöten erzählte ihnen, wie sehr es ihn ärgerte, dass die Menschen so viel Dreck machten und keine Rücksicht nahmen auf die verborgenen Völker. Dverga, der Zwergenanführer stimmte ihm zu. „Sie haben mitten durch unsere Zwergenburg eine Straße gebaut. Das geht doch nicht! Unsere Kinder müssen doch draußen spielen können!“ Jöten fragte: „Wollt ihr mir helfen, den Menschen einen Schrecken einzujagen?“ Alle Zwerge *(⟶ Zwergenkinder)* riefen: „Jaaa!“
„Dann gehen wir jetzt zum Elfenberg. Die Elfen müssen uns auch helfen“, donnerte Jöten.
Der Riese stapfte mit seinen Riesenschritten voran und die Zwerge folgten ihm mit kleinen Minischritten.
⟶ Zwerge und Riesen laufen
Schon nach kurzer Zeit konnten die Zwerge den Riesen kaum noch sehen, und als Jöten sich umdrehte, sah er die Zwerge nicht mehr. Das hat wenig Sinn, bemerkte er. Er lief wieder zurück und sagte zu den Zwergen: „Ich laufe vor zum Elfenberg. Lauft ihr schon mal zum Askjavulkan. Wir werden uns dort treffen.“
Während die Zwerge sich auf den Weg machten zum Vulkan, erreichte Jöten den Elfenberg. Auch die Elfen versteckten sich aus Angst vor dem Riesen. „Hallo Elfen!“, brüllte Jöten. „Habt keine Angst! Ich tu euch nichts!“
Da kamen die Elfen aus allen Bergritzen und -höhlen hervor und hörten sich an, was der Riese zu erzählen hatte. Alben, der Elfenanführer fügte hinzu: „Die Menschen haben genau vor den Elfenberg eine Fabrik gebaut. Der Gestank ist schrecklich!“ „Wollt ihr mir helfen?“, fragte Jöten daraufhin. – „Jaaa“, riefen die Elfen.
⟶ Elfenkinder
„Dann geht mit mir zum Askjavulkan. Die Zwerge sind auch schon auf dem Weg dorthin.“
Der Riese stapfte wieder mit Riesenschritten voran.
⟶ Die Riesen stapfen.

Die Elfen flatterten kräftig mit den Flügeln und probierten so schnell wie möglich zu laufen, konnten aber nicht mithalten.

⟶ *Die Elfen laufen, als ob sie schweben.*

Schnell verloren sie den Anschluss und schon bald erkannten sie den Riesen nur noch in der Ferne. Sie wussten den Weg und so sprangen und liefen sie fröhlich weiter.

Der Riese trommelte sein eigenes Volk zusammen. Er erzählte ihnen von seinen Besuchen bei den Zwergen und Elfen, und dass auch sie sich über die Menschen ärgerten, die dabei waren, die Welt zu zerstören und ihnen das Leben schwer machten. „Wollt ihr mir helfen?“, fragte Jöten am Ende – „Jaaa“, brüllten die Riesen.

⟶ *Riesenkinder*

Die Riesen stapften gemeinsam los zum Askjavulkan.

Als sie dort ankamen, sahen sie in der Ferne die Zwerge und Elfen am Horizont erscheinen. Es dauerte nur noch wenige Stunden, bis die verborgenen Völker vereinigt waren.

Jöten ergriff das Wort: „Liebe Freunde“, brüllte er. „Die Menschen glauben, dass sie hier alleine wohnen und dass sie stärker sind als die Natur. Sie verschmutzen die Luft, die Flüsse und Seen. Sie bauen Straßen durch unsere Gebiete und zerstören unsere Häuser. Das lassen wir uns nicht mehr länger gefallen!“ Er bekam jubelnden Zuspruch.

„Wir sind hier bei dem großen Vulkan Askja. Er wird den Menschen zeigen, wie mächtig die Natur ist und wie wichtig es ist, sich gut zu stellen mit ihr und uns, den Elfen, Zwergen und Riesen.“ Wieder erklang lauter Jubel.

„Alben und Dverga, liebe Anführerfreunde“, rief er. „Wir ziehen uns zur Beratung zurück. Liebe Zwerge, Elfen und Riesen, beginnt schon mal mit einem Tanz zu Ehren dieses Vulkans. Wir müssen uns freundlich stellen mit ihm. Dann wird er uns helfen.“

Die drei Anführer setzten sich etwas abseits zusammen und flüsterten miteinander.

Die anderen Zwerge, Elfen und Riesen fingen an zu singen und zu tanzen. Wie tanzen wohl die Riesen? Sie stapfen und bewegen sich langsam und schwer.
→ *Die Riesen tanzen.*
Und die Elfen? Die tanzen leicht, wie ein Feder und graziös.
→ *Die Elfen tanzen.*
Und wie tanzen die Zwerge? Zwerge machen kleine Tanzbewegungen und sind auch etwas tölpelhaft.
→ *Die Zwerge tanzen.*
→ *Alle tanzen miteinander.*

Nach einiger Zeit kamen die drei Anführer zurück. Die anderen hörten auf zu tanzen und hörten aufmerksam zu, als Jöten sagte:
„Wir haben folgendes beschlossen. Dverga ist Vulkanflüsterer. Er wird mit Askja reden. Aber er braucht die Hilfe von uns allen. Die Riesen müssen ihm helfen, auf den Vulkan zu kommen, denn er ist zu klein für den Aufstieg. Die Elfen müssen ihm helfen, auf den Vulkanrand zu kommen, denn der ist zu heiß für seine Füße. Und die Zwerge müssen mit ihrem guten Gehör auf die Antwort des Vulkans horchen, indem sie ihr Ohr auf den Boden legen."

Die Riesen stellten sich in regelmäßigen Abständen auf den Vulkanberg. Sie trugen erst ein paar Elfen zum nächsten Riesen, dann Dverga und dann noch einmal ein paar Elfen. Schnell erreichten die Elfen und Dverga den Kraterrand. Hier hielten die Elfen den Zwerg fest und flatterten kräftig mit den Flügeln, sodass der Zwerg den heißen Kraterrand nicht berührte.
Vom Rand blickte er in den tiefen Krater. Er rief geheimnisvolle Worte in den Krater. Unten, am Vulkanfuß horchten die anderen Zwerge. Auch sie hatten eine Kette gebildet. Als ein Zwerg etwas hörte, gab er es weiter, bis der letzte es Jöten sagte.

„Wir hören etwas! Wir hören etwas!", riefen die Zwerge aufgeregt. „Askja will uns helfen, aber er braucht unsere Hilfe, damit er Feuer spucken kann. Er will, dass die Riesen im Takt auf und ab springen. So sollen sie ein kleines Erdbeben verursachen. Dann will Askja, dass die Zwerge ihn mit ihren Schüppchen und Hacken kitzeln. Die Elfen sollen auf dem Kraterrand tanzen und mir ihren Flügeln einen kleinen Wirbelwind verursachen. Und er warnt uns: Wenn wir Zischen und Gepolter hören, müssen wir rennen und Schutz suchen. Dann bricht der Vulkan bald aus."

„So wird's gemacht", brüllte Jöten. „Zwerge, nehmt eure Schüppchen und Hacken und kitzelt den Vulkan. Elfen, tanzt und wirbelt auf dem Krater und ihr, meine Riesen, springt so kräftig, wie ihr könnt. Auf drei. Eins, zwei, drei."

Und so kitzelten die Zwerge den Vulkan, so sprangen die Riesen kräftig auf und ab und wirbelten die Elfen um den Krater.
⟶ *Die Kinder machen dies eine Weile.*

Nach einiger Zeit hörte man im Innern des Vulkans ein Grummeln. Das Grummeln wurde stärker und stärker. Es fing an zu zischen und zu poltern.
„Jetzt müssen wir rennen!", brüllte Jöten und schnappte sich ein paar Zwerge und Elfen und rannte los. Auch die anderen Riesen trugen so viele Zwerge und Elfen, wie sie konnten und rannten. Durch dieses Gerenne wurde ein so starkes Erdbeben verursacht, dass der Vulkan ausbrach. Glühend heiße Lava spritzte aus dem Krater und Gesteinsbrocken flogen durch die Luft. Dann kam ein Lavastrom, der glühend heiß ins Tal floss. Es gab dort keine Dörfer oder Städte, keine Menschen wurden verletzt. Doch aus weiter Ferne sahen die Menschen den Vulkanaus-

bruch und erschraken. Sie sahen ein, dass sie mehr Rücksicht auf die Natur und das verborgene Volk nehmen müssen. Sie verlagerten die Fabrik beim Elfenberg in eine Gegend, in der ohnedies niemand vom verborgenen Volk lebte und leiteten die Straße, die ehemals durch die Zwergenburg führte, um.
Die Riesen und ihre Freunde freuten sich riesig, zwergig und elfig und feierten gemeinsam bis tief in die Nacht.

Noch mehr Mitmachgeschichten ...

...zum Malen, Farben mischen, Basteln oder Kneten!

88 Seiten
ISBN 978-3-7698-1914-4

... zum Rätseln, Erfinden, Spielen oder Lachen!

88 Seiten
ISBN 978-3-7698-1967-0

...zum Hören, Schauen, Riechen, Schmecken oder Fühlen!

96 Seiten
ISBN 978-3-7698-2093-5

www.donbosco-medien.de

LEBENDIG. KREATIV. PRAXISNAH.

So macht Bewegung Spaß!

Eine Auswahl liebevoller Ideen zur bewegten Sprachförderung in der Herbst- und Winterzeit: Bewegungsreime, Tanzreime, Kreisspiele, Klanggeschichten und Krippenspiele.

88 Seiten
ISBN 978-3-7698-2249-6

Drinnen- und Draußenspiele zur bewegten Sprachförderung für Frühling und Sommer: Bewegungsreime, Wett- und Kreisspiele, Malspiele im Sand und mit Pflastermalkreide.

88 Seiten
ISBN 978-3-7698-2280-9

Das Ideenbuch zur bewegten Schulvorbereitung mit Klatsch- und Fingerspielen, Koordinationsübungen für den ganzen Körper und Spielen mit Schwungtuch und Gymnastikbändern.

96 Seiten
ISBN 978-3-7698-2333-2